# Collection de M. B*** Ludovic Badin

ESTAMPES ANCIENNES

BEAUX ÉVENTAILS DU XVIII^e SIÈCLE

OBJETS DE VITRINE

DENTELLES, ÉTOFFES, ROBES ANCIENNES

LIVRES ILLUSTRÉS

RECUEILS DE GRAVURES DE MODES

RELIURES ANCIENNES

ETC., ETC...

*EXPOSITION*
*le Dimanche 8 Novembre 1908.*

*VENTE*
*le Lundi 9 Novembre 1908.*

# ESTAMPES ANCIENNES
## ÉVENTAILS, DENTELLES
## LIVRES, ETC.

# CATALOGUE

DES

# ESTAMPES ANCIENNES

EN NOIR ET EN COULEUR

des Écoles Française et Anglaise du XVIII^e siècle

## ESTAMPES RELATIVES A MARIE-ANTOINETTE

PIÈCES SUR LA RÉVOLUTION — DESSINS ET MINIATURES

## BEAUX ÉVENTAILS DU XVIII^e SIÈCLE

*OBJETS DE VITRINE*

Boîtes, Bonbonnières, Montres, Couteaux, etc.

## DENTELLES, ÉTOFFES ET ROBES ANCIENNES

## LIVRES ILLUSTRÉS

RECUEILS DE GRAVURES DE MODES DES XVII^e ET XVIII^e SIÈCLES

RELIURES ANCIENNES

CONTRAT DE MARIAGE de Louis de Lorraine et de Marie de Valois, etc.

## APPARTENANT A M. B***

Et dont la vente aux enchères publiques aura lieu

**HOTEL DROUOT — SALLE N° 11**

*Le Lundi 9 Novembre 1908, à 2 heures*

PAR LE MINISTÈRE DE M^e F. LAIR-DUBREUIL, COMMISSAIRE-PRISEUR

6, rue Favart

ASSISTÉ DE

MM. PAULME ET B. LASQUIN FILS

10, rue Chauchat — EXPERTS A PARIS — 12, rue Laffitte

ET DE

M. HENRI LECLERC, LIBRAIRE-EXPERT

219, rue Saint-Honoré

---

EXPOSITION PUBLIQUE

*Le Dimanche 8 Novembre 1908, de 2 heures à 5 heures 1/2*

## CONDITIONS DE LA VENTE

La vente se fait au comptant.

Les acquéreurs paieront 10 pour 100 en sus des enchères.

La vacation commencera par la mise sur table des livres et gravures de modes (numéros 1 à 55). Les estampes, éventails, objets de vitrine, dentelles, etc., seront vendus ensuite.

Les livres et gravures de modes devront être collationnés dans les vingt-quatre heures de l'adjudication. Passé ce délai, ils ne seront repris pour aucune cause.

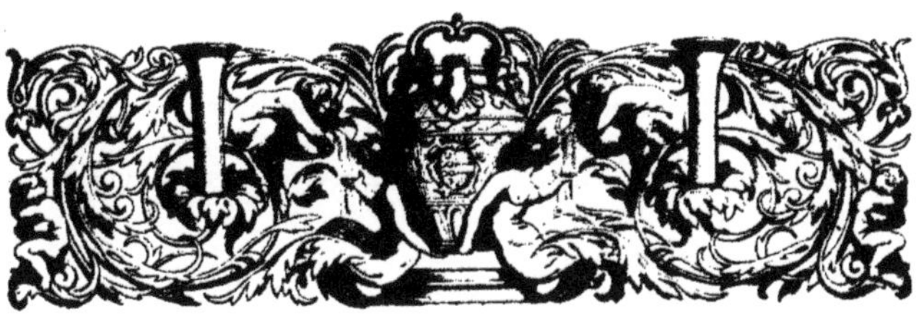

# LIVRES

ET

# RECUEILS DE FIGURES DE MODES

---

## LIVRES A FIGURES

1. — **BRAUN (G.). SIM. VAN DEN NOEVEL et FR. HOHENBERG.** Beschreibung und Contrafactur der vornembster Stät der Welt. Cölln. Godfrid von Kempen et Bertr. Buchholtz. 1572-1599. 5 vol. in-fol., reliés en 2 vol. veau brun (*Rel. anc.*).

135 Besombe

Ouvrage très estimé, contenant 300 (au lieu de 305) cartes, vues avec costumes, de toutes les villes principales du monde, toutes coloriées ainsi que les titres gravés. Nous en mentionnons : Rome, Le Caire, Mexico, Cusco, Blois, Metz, Besançon (Byzantz), Paris, Anvers, Naples, etc

Quelques feuillets raccommodés dans les marges.

2. — **PERRAULT.** Les Hommes illustres qui ont paru en France pendant ce siècle, avec leurs portraits au naturel. *Paris, Antoine Dezallier*, 1696-1700, 2 vol. in-fol., veau marb., tr. jasp. (*Rel. anc.*).

125 Repilly

Portrait de Perrault et 100 portraits gravés par *Edelinck, Lubin, Van Schuppen*, etc. Le frontispice manque.

Exemplaire de premier tirage contenant les notices de Thomassin et Du Cange au premier volume.

1.669 Gouzy

3. — **BOUCHER**. Recueil des figures dessinées par Boucher et gravées par Laurent Cars pour les œuvres de Molière, épreuves à l'état d'eaux-fortes, avant lettre, dessins, etc., réunies en 1 vol. in-fol., mar. rouge, fil., dos orné (*Chambolle-Duru*).

Ce précieux recueil comprend :

1° La suite des 34 figures, y compris le portrait, de format in-fol. sur papier fort, moins 12 figures qui sont un peu plus courtes et remontées à châssis ;

2° Le portrait de cette suite, gravé par *Lepicié*, AVANT TOUTES LETTRES ;

3° 1 portrait de Molière, in 4, sans signatures ;

4° 1 portrait de Molière, in-fol., gravé par *Beauvarlet*, AVANT TOUTES LETTRES ;

5° 1 portrait de Molière, gravé par *Hubert*, publié chez Masson (P. Lacroix, 48) ;

6° 12 EAUX FORTES de la suite de Boucher pour les pièces suivantes :

*Étourdi*, eau-forte avancée ;

*École des femmes*, avant beaucoup de travaux dans le ciel et dans l'architecture, et une seconde eau-forte moins avancée ;

*Impromptu de Versailles*, 2 eaux-fortes (premier et second états) ;

*Plaisirs de l'Isle enchantée*, eau-forte, signée *Chèdel*.

*Amour médecin*, eau-forte avancée, avant les ombres dans la glace ;

*Amour médecin*, eau-forte avancée ;

*Avare*, 2 eaux-fortes (premier et second états) ;

*Prologue d'Amphitryon*, eau-forte ;

*Fourberies de Scapin*, eau-forte, premier état ;

7° 2 figures AVANT la lettre de la suite de Boucher :

*Plaisirs de l'Isle enchantée* ;

*Avare*, gravée en contre-partie ;

8° 11 en-têtes, et 6 culs-de-lampe de la suite de Boucher en TIRAGES A PART.

9° 3 figures de la suite de Boucher offrant les remarques suivantes :

*Dom Garcie de Navarre*, avant le reflet des personnages dans la glace ;

*Mariage forcé*, avant divers travaux dans les fonds et le costume de Sganarelle ;

*Misantrope*, avant divers travaux dans les costumes ;

10° 9 **DESSINS** dont 6 à la mine de plomb, sur vélin ou sur papier pour les pièces suivantes (*Sganarelle*. — *Amour médecin*. — *Misantrope*. — *Médecin malgré lui*. — *Bourgeois gentilhomme*. — *Fourberies de Scapin*). — 1 dessin à l'encre de Chine, signé : *Boucher del.*, pour *le Sicilien*. — 1 autre dessin à l'encre de Chine pour le *Prologue de Psyché*. — et enfin, un dessin à la sanguine pour *M. de Pourceaugnac* ;

11° La *Suite d'estampes des principaux sujets des Comédies de Molière gravées sur les esquisses de Charles Coypel*. Se vend à Paris chez Surugue, 6 pièces, y compris le titre, gravées par Joullain. Elles sont remontées ;

12° Le beau portrait de Boucher, gravé par *Manuel Salvador Carmona*, d'après *Roslin*.

13° Le portrait de Boucher, gravé par *Bosse*, d'après *Roslin*. Épreuves AVANT TOUTES LETTRES et avec la lettre ;

14° Le portrait de Boucher, gravé par *L. Cars*, d'après *Cochin* ;

15° Le portrait de Boucher, gravé par *A. de Saint-Aubin*, d'après *Cochin* ;
16° Le portrait de Laurent Cars, gravé par *Miger*, d'après *Péronneau* ;
17° Celui de P. Prault, gravé par *L. Cars*, d'après *Cochin*, en double épreuve ;
18° Celui de L.-F. Prault, gravé par *Cathelin*, d'après *Cochin*.

4. — **RESTIF DE LA BRETONNE.** Les Nuits de Paris, ou le spectateur nocturne. *A Londres et se trouve à Paris*, 1788-1790, 15 vol. in-12, vélin blanc à recouv. (*Rel. mod.*).

Chaque volume est orné d'une figure.
Petit raccommodage à la 15e figure.

5. — **GALERIE UNIVERSELLE** contenant les portraits de personnes célèbres de tout pays, actuellement vivantes, gravés en couleurs par MM. Gautier Dagoty, père et fils aîné. Avec des notices historiques relatives à chaque portrait par une Société de gens de lettres. *Paris, Imp. de Philippe-Denis Pierres*, 1772, pet. in-fol., cartonné, non rogné.

Tout ce qui a paru de cette publication peu connue et de la plus grande rareté ; elle renferme 2 cahiers contenant 8 beaux portraits en couleurs avec les notices par La Harpe, Linguet, Sabatier de Castres, Marmontel, etc. Voici les portraits que contient le volume : Louis XV ; Frédéric le Grand ; le chancelier Maupeou ; Voltaire ; l'impératrice Marie-Thérèse ; Charles-Emmanuel, roi de Sardaigne ; le duc de La Vrillière ; d'Alembert.

Bel exemplaire, non rogné ; sur le cartonnage on a collé les couvertures des livraisons. Il provient de Jean-Charles Ledesmé, cultivateur à Saint-Elix, dont le portrait, gravé par *Mercadier*, et l'ex-libris se trouvent en tête du volume.

6. — **VERNET** (Carle). Œuvre lithographié de Carle Vernet, 2 vol. in-fol., demi-rel. mar. rouge.

Recueil de 162 lithographies montées sur papier fort ; sujets militaires et de chasse, chiens, chevaux, voitures.
Belles épreuves de premier tirage imprimées sur papier teinté ; beaucoup sont rehaussées de gouache ou de couleur par l'artiste.

7. — **VERNET** (Horace). Œuvre lithographié d'Horace Vernet, 1 vol. in-fol., demi-rel. mar. rouge.

Recueil de 96 lithographies montées sur papier fort : sujets militaires, sujets gracieux, portraits, scènes de chasse, etc., etc.
Belles épreuves de premier tirage, la plupart rehaussées de gouache par l'artiste.

# COSTUMES

8. — **SAINT IGNY**. Le Jardin de la Noblesse françoise dans lequel ce peut cueillir leur manierre de vettements. A° 1629, avec privilège du Roy. *A Paris, chez Melchior Tavernier, graveur et imprimeur du Roy*, 12 pl. en 1 vol. in-4, basane marb.

Ce volume renferme le titre et 11 planches (sur 17) gravés par *A. Bosse* d'après *Saint Igny* ; elles ont été collées à plat sur papier fort et placées dans une reliure ancienne.

9. — **COSTUMES DU XVII^e^ SIÈCLE** (Souverains et souveraines, princes et princesses, prélats, vêtus en modes nouvelles), gravés par Saint-Jean (51 pl.), Trouvain (132), N. Bonnart (45), H. Bonnart (114), Mariette (6), Deshayes (1), Bazin (1), Arnault (8), Lepautre (10), Dolivar (1). *S. l. n. d.* (Paris de 1690 à 1696). 369 planches en 4 vol. in-fol., mar rouge, larges dent., tr. dor. (*Rel. anc.*).

Très beau recueil contenant la plupart des planches les plus intéressantes de la collection ; elles sont de marges uniformes et ont été placées dans quatre reliures aux armes de Louis XIV, ornées de la belle dentelle des volumes imprimés et reliés à l'Imprimerie royale, au XVII^e siècle. Voici le détail des planches que renferment les 4 volumes :

1^er^ volume : Louis XIV. — La Reine. — Madame de Montespan. — Madame de Maintenon. — Dames de Saint-Cyr, 4 pl. — Le Dauphin. — La Dauphine. — Princesse de Conty, douairière. — Duc et duchesse de Bourgogne. — Les ducs d'Anjou, de Berry. — Les trois enfans de France jouant au tric-trac. — Duc et duchesse du Maine. — Comte de Toulouse. — Monsieur. — Madame. — Madame en habit de chasse. — Duc de Chartres. — Mademoiselle de Chartres. — Duchesse de Chartres. — Mademoiselle. — Monsieur le Duc. — Madame la Duchesse. — Duc et duchesse de Bourbon. — Prince et princesse de Conty. — Anne Palatine, princesse de Condé. — Prince et princesse de Montbason. — Philippe de Vendôme, grand prieur de France. — Duc de Vendôme. — Ch. de Rohan, prince de Guéméné. — La princesse de Guéménée. — Prince de Talmond. — Princesse d'Espinoy. — Princesse de Rohan. — Princesse de Soubise. — Duch. de Bournonville. — Duch. d'Aumont, en deshabillé. — Duch. de Sforze. — Duch. de la Guiche. — Duch. de Montfort. — Duch. de S^t^-Simon. — Duch. d'Albret. — Duch. de Nevers. — Duchesse de Lauzun. — Duch. d'Usez. — Duch. de Lude. — Duch. de Valentinois en costume de bal. — Duch. de Bouillon en deshabillé négligé. — Duchesses de Ventadour, de la Feuillade, de Porsmouth, d'Humières. — Duch. d'Humières en habit de bal. — Duch. de Foix. — Le duc de Duras. — Ch.-E.

de Cochefilet de Vaucelas, princesse de Guéméné. — Comte de Lorge. — François de Montmorency. — Maréchal de Villeroy, 2 pl. — Maréchalle de Villeroy. — Duch. de Villeroy. — Duc de Noailles. — Maréchal de Tourville. — Maréchal de Choiseul. — Duchesse de Choiseul. — Maréchal de Catinat. — Maréchal de Boufflers, 2 pl. — Comte de Toulouse. — Vauban. — Duc de Chaulnes. — Duc et duchesse de Lesdiguières. — Duc et duchesse de Roquelaure. — Duc d'Albret. — Monsieur de Pointis. — Duc de Beauvilliers. — Duc de Montmorency. — Marquis et marquise de Pomponne. — Marquise de Villequier. — Marquise de Grancey, épreuve coloriée.

2e volume : Marquise d'Ecost. — Marquises de Florensac, de Richelieu, de Béthune, d'Estrades, de Rochebaron. — Marquise Dangeau à sa toilette. — Marquise de Quelus en habit d'hiver. — Marquises de Chatillon, de Polignac, d'Antin, d'Entragues, de Courtanvaux, de Belfons, Durfez, de La Vieuville, de Maleuvrier. — Marquise du Roure en habit de bal. — Madame la comtesse d'Olonne estant à l'église. — Comtesses d'Ayen, de Tonnerre, de Maurepas, de Mailly. — Madame de la Ferté. — Madame de Soissons en robe de chambre. — Madame de Seignelay. — Madame de Ludre en stenkerke et falbala. — Mademoiselle de Lislebonne. — Mademoiselle d'Auvergne. — Comtesse d'Armagnac. — Margueritte de Lorraine (2 planches différentes, coloriées). — Mademoiselle d'Armagnac. — Le duc de Bourgogne en mousquetaire. — Madame de Creil. — Madame Dugué de Bagnols. — Phylis de la Tour du Pin la Charce. — Mademoiselle de Lussan. — Mademoiselle de Loube. — Mademoiselle de Barrière. — Madame de Chateautiers. — Mademoiselle de Montbrun. — Mademoiselle de Pons. — Mademoiselle de Mennetoud. — Mlle de la Varenne en habit d'esté. — Chevalier de Bourbon. — Chevalier de Lorraine. — Marquis d'Antin. — Marquis et marquise de La Vallière. — Comte de Luxe. — Comte et comtesse de Marsan. — Jean Bart. — Chancelier Boucherat. — Le Peletier, ministre d'estat.

3e volume : Monsieur Le Noble. — J.-B. Lully. — Monsieur *** de l'Académie françoise, en robe de chambre. — Innocent XII. — Alexandre VIII. — Messire François de Harlay. — Messire Louis Antoine de Noailles, arch. de Paris. — Claude de St-George, arch. de Lyon. — J.-B. Colbert. — Henry Arnauld, évêque d'Angers. — Maurice Le Tellier, arch. de Reims. — Charles de Lorraine, evesque d'Olmuts (colorié). — Homme de qualité sur le théâtre de l'Opéra. — Cléante en habit cavalier. — François Pallu, évêq. d'Heliopolis. — Antoine Arnauld. — Vincent de Paul. — Monsieur le C. de N. en robe de chambre. — Le P. Innocent Le Masson. — Madame L. C. D. C. estant à l'église. — Madame de B... en magdeleine. — Mesdemoiselles Loison. — Gouvernante de M. le duc de Berry. — Mademoiselle *** allant par la ville. — Léopold Ier. — Marie Anne-Joseph de Neubourg, impératrice. — Eléonore d'Autriche, sœur de l'Empereur. — Joseph, roy de Hongrie. — Le Roy et la Reine d'Espagne. — Jacques II et la Reine d'Angleterre. — Le Prince de Galles. — Marie Eléonore d'Este, reine d'Angleterre. — Marie Stuart, fille de Jacques II. — Guillaume, troisième roy d'Angleterre. — Marie-Anne Stuard, princesse d'Orange. — Jean Sobieski, roy de Pologne. — La Reine de Pologne. — Le roy et la reine de Portugal. — Chrestien V, roy de Danemarch. — Isabelle, infante d'Espagne. — Le roy et la reine de Dannemark. — La princesse de Dannemarc. — Le prince Georges de Dannemarc. — Charles IX et Charles XI, rois de Suède. — Charles V, duc de Lorraine. — L'illustre famille de Charles V. — Monseig. le duc de Lorraine. — Madame la duch. de Lorraine. —

Victor-Amédée, duc de Savoye. — Anne-Marie d'Orléans, duch. de Savoye. — Le duc et la duch. de Savoie. — Mademoiselle de Savoye. — Maximilien Emmanuel, duc de Bavière. — Monsieur le duc et mad. la duch. de Bavière. — Le prince Louis de Bade. — Anne-Marie Françoise de Saxe, duch. de Bade. — Le duc et la duch. de Parme. — Le roi et la reine de Pologne. — Duc de Brunsvik et Lunebourg d'Hanover, 9e électeur du S. Empire. — Madame l'Electrice d'Hanover. — Duchesse de Modène. — Princesse de Nassau, régente de Frise. — Prince et princesse de Nassau. — Princesse douairière d'Anhalt. — Le duc et la duch. de Mantoue. — Prince de Toscane. — Prince de Wurtemberg. — Duc de Holstein-Gottorp. — Doge de Gênes. — Electrice de Brandebourg. — Duchesse de Modène. — Archiduchesse d'Inspruck. — Thérèse Corvinowna Gosienska.

4e volume : Nicolas Erizzo, ambassad. de Venise et Madame Erizzo. — Knez Jacob Feodorwit, ambassadeur moscovite. — Monsieur l'abbé en habit d'hiver. — Habit de cavalier. — Officier en manteau. — Dame en conversation. — Demoiselles et dames de St-Cyr, 6 pl. — Gallant peintre. — Damon jouant de l'angélique. — Aminte en son cabinet. — Gentilhomme jouant de la flute d'Allemagne. — Cléopâtre. — Homme en grand deuil. — Habit d'épée. — Evesque. — Abbé en sotanelle. — Gentilhomme. — Dame en escharpe. — Homme en robe de chambre. — La questeuse. — Dame en robbe. — Dame en deshabillé du matin. — Chevalier de Malthe françois. — Dame se promenant à la campagne. — Dame en habit de ville. — Habit d'espée, 2 pl. — Dame en habit de chambre. — Officier du Roy. — Dame en deshabillé d'hyver. — Habit noir. — Dame en deshabillé allant par la ville. — Habit de Cavallier. — Les quatre éléments, 4 pl. — L'Orient, l'Occident, le Midy, le Septentrion, 4 pl. — L'Europe, l'Asie, l'Affrique, l'Amérique, 4 pl. — Les Saisons, 4 pl. — Le Matin, le Midy, l'Après midy, le Soir, 4 pl. — Les 5 sens, 5 pl. — Les quatre âges, 4 pl. — Acteurs et actrices de l'Opéra, 7 pl. — Habits de l'Opéra, ballets, théâtre italien, 12 pl. — Cris de Paris, 7 pl. — Paysan et paysanne des environs de Paris, 2 pl. — FEMMES DE QUALITÉ EN DIVERS COSTUMES, 28 pl. — HOMMES DE QUALITÉ, 15 pl.

10. — **COSTUMES DU XVIIe SIÈCLE**, par de Saint-Jean, Trouvain, H. et N. Bonnart, Chiquet, Mariette, etc. Recueil de 204 plats en 1 vol. in-fol., mar. rouge foncé, fil. à froid, dent. int., tr. dor. (*Gruel*).

Ces 204 planches, de marges inégales, sont montées à châssis sur Hollande fort. Elles se composent de 141 planches coloriées et 63 en noir, représentant 91 portraits : princes et princesses ; souverains et souveraines ; princes et princesses étrangers ; — 12 pl. hommes et dames de qualité. — 101 planches diverses : Sens, Saisons, parties du monde, les Muses, Empereurs romains, costumes étrangers, etc.

11. — **COSTUMES DU XVIIe SIÈCLE**, par H. et N. Bonnart, Trouvain, Mariette, Berey, etc. 104 planches en feuilles dans un carton.

Ces planches sont coloriées ; elles représentent toutes des costumes féminins (princesses françaises et étrangères, grandes dames); elles sont avec de grandes marges, sauf 7 qui sont remargées.

12. — **COSTUMES DU XVII^e^ SIÈCLE**, par H. et N. Bonnart, Mariette et Trouvain, 50 planches montées sur bristol bleu, contenues dans un étui in-fol. forme livre, mar. rouge, fil., armes royales, dos orné (*Gruel*).

50 planches coloriées dont voici le détail : Dames de qualité, 9 pl. — Quatre éléments, 5 pl. (2 pl. différentes pour l'eau). — Quatre saisons, 4 pl. — Cinq sens, 5 pl. — Quatre âges, 4 pl. — Le Midy, le Septentrion, l'Orient, l'Occident, 4 pl. — L'Europe, l'Asie, l'Affrique, l'Amérique, 4 pl. — L'Espagne, l'Italie, l'Allemagne, 3 pl. — Junon, Minerve, Vénus, Paris, 4 pl. — et 8 pl. diverses.

Ces planches sont à grandes marges sauf 7.

13. — **COSTUMES ÉPOQUE LOUIS XV**. In-fol., mar. La Vall., dent., dos orné, tr. dor.

Réunion, sous ce titre, de 36 gravures de modes et estampes du XVIII siècle intéressantes pour les costumes ; elles sont montées sur bristol fort, avec encadrement à la Gloмay. Voici le détail des pièces contenues dans le volume :

Encadrement, gravé à l'eau-forte, publié par Jean. — Louis XV à cheval, publié par Bonnart père et fils. — Marie-Thérèse, infante d'Espagne. — Louis XV. *A Paris, chez Mariette*, épreuve coloriée. — Louis Dauphin. *A Paris, chez Selis*. — Maurice de Saxe à cheval. *A Paris, chez Selis*. — Le même à pied. *A Paris, chez Charpentier*. — Marie-Thérèse, reine de Hongrie. *A Paris, chez Charpentier*. — *M. de Voltaire*, par L. Seni. — *Le Tric-trac*, gravé par Le Bas, d'après Eisen. — *L'Accord de mariage*, gravé par Gaillard, d'après Eisen. — *Le Billet doux*, gravé par Duflos, d'après Aubert. — *La Marchande de modes*, gravé par Gaillard, d'après Boucher. — *La belle femme de chambre*. A Paris, chez Aveline. — Inca, gravé par Martin et colorié. — *Le Souhait de la bonne année du grand-papa*, gravé par Le Bas, d'après Canot. — *Le Petit Maitre, l'Écuyer*, gravé par Bonnet, en sanguine. — *Le Singe à la mode*. A Paris, chez Montlace, épreuve coloriée avec son pendant : *la Coquette à la mode*. — 7 pl. de costumes publiées chez Crespy, à 2 ou trois personnages par planche : Dame en robe, Damoselle en panier, Les Palatines, Dame en bagnolette, Dame en habit d'hiver, Dames en manteaux, Mente et Redingottes. — *Acteurs du Théâtre italien*. A Paris, chez Crespy, 7 planches à 2 personnages (Homme et femme). — *Comédiens françois*, gravé par Liotard, d'après Watteau. — *Le Philosophe marié*, gravé par C. Dupuis, d'après Lancret. — Le Glorieux ; acte III, scène 3^e^, gravé par N. Dupuis, d'après Lancret.

14. — **GRAVELOT**. Costumes dessinés par Gravelot, publiés à Londres par John Bowles en 1745. 18 pl., pet. in-fol. en feuilles.

Suite très rare, comprenant 9 costumes de femme et 9 costumes d'homme, gravés par *Grignion, L. Truchy, J. Major*; les planches, sans légendes, sont collées à plat sur papier vergé ancien.

15. — **SACRE DE LOUIS XV (Le)**, roy de France et de Navarre, dans l'Eglise de Reims, le dimanche xxv octobre 1722. (*Paris*, 1723), gr. in-fol., cartonn. en étoffe brochée, tr. dor.

Texte entièrement gravé, entouré d'un bel encadrement, grandes vignettes, 9 grandes planches doubles et 30 planches de costumes, par *Audran, Beauvais, Cochin père*, etc.

16. — **GALERIE DES MODES ET COSTUMES FRANÇAIS**, ouvrage commencé en l'année 1778, dessiné d'après nature par Le Clere, Desrais, Watteau fils, Martin et de Saint Aubin.

Cahier A (4e et 6e feuilles). — Cahier O (pl. 80). — Ens. 3 pièces, les 2 premières gravées d'après Desrais, la 3e, d'après Le Clere, coloriées.

*Marie Josèphe Louise de Savoye, Madame, vêtü d'une robe de Cour. — Marie Thérèse de Savoye, comtesse d'Artois, vêtü d'une robe de Cour. — Habit de cour de satin cerise.* Armes de la Reine sur le dossier du fauteuil qui se trouve sur cette planche.

Très grandes marges.

17. — Cahier N (pl. 77 et 78). — Cah. P (pl. 87). — Cah. Q (pl. 95). — Ens. 4 pièces d'après Desrais, coloriées.

*Jeune Dame en circassienne de gaze d'Italie. — Jeune Dame de Lyon vêtue d'une robe de taffetas, dite Costume à la Piemontoise. — Costume pris sous le règne de Louis XVI, inventé par P. N. Sarrazin. — Jeune Demoiselle en Polonoise d'indienne.*

Très grandes marges.

18. — Cahier S (pl. 105 et 107). — Cah. T (pl. 109 et 114). — Cah. U (pl. 119) et 1 planche non numérotée. — Ens. 6 pièces gravées d'après Le Clere, coloriées.

*Habit de bal avec des manches à la Gabriele. — Costume adopté pour les bals de Cour. — Dame de qualité à qui un jeune nègre porte la queue. — Polonoise de toile bleue et blanche. — Habit de bal à la paysanne. — Habit de bal, le corsage et le juppon retroussés avec des glands.*

Très grandes marges, sauf pour deux pièces.

19. — Cahier V (pl. 123, 125 et 126). 3 pièces gravées d'après Desrais, coloriées.

*Jeune dame coëffée d'un chapeau anglais. — Polonoise de taffetas garnie en bordures d'indienne. — Circassienne de taffetas à bandes de rubans.*

Très grandes marges.

20. — Cahier ff (pl. 175). — Cah. jj (pl. 194 et 198). — Cah. mm (pl. 210). — Cah. oo (pl. 218). — Ens. 5 pièces, gravées d'après Le Clerc, coloriées.

*Robe à la Turque. — Jeune demoiselle étudiant la musique. — Jeune Dame en robe à la Polonoise, garnie de gaze. — Duchesse occupant une des premières places chez la Reine. Elle est vêtue d'un habit de Cour. — Coeffure nouvelle.*

Très grandes marges pour 4 pièces.

21. — Cahier VV (pl. 253, 256 et 257). — Cah. XX (pl. 259). — 4 pièces, les 3 premières gravées d'après Watteau fils, la quatrième d'après Le Clerc. Elles sont coloriées.

*Dame en belle matineuse. — Jolie femme en contemplative. — Dame en rêveuse solitaire. — Négligé d'une jeune dame de qualité.*

Très grandes marges.

22. — Cahier YY (pl. 270). — Cah. ZZ (pl. 273 et 274). — Ens. 3 pièces gravées d'après Le Clerc et Watteau fils, coloriées.

*Robe en fourreau en queue simple. — L'aimable Constance tenant en lesse un chien lion et rêvant à celui que son cœur aime. — La belle inquiète regardant l'heure du rendez vous.*

Très grandes marges.

23. — Cahier && (pl. 277, 281 et 282). 3 pièces gravées d'après Watteau fils, coloriées.

*La prudente Amazone en costume au grand Figaro. — La constante solitaire en robe à l'anglaise avec triple collet. — Jeune Dame habillée de la manière la plus élégante.*

Très grandes marges.

24. — Cahier aaa (pl. 288). Cah. bbb (pl. 289 et 292). Cah. ccc (pl. 296). Cah. ddd (pl. 304). — Ens. 5 pièces d'après Watteau, coloriées.

*L'aimable Cephise dans un lieu solitaire. — La belle engagée par les discours touchans et les tendres sollicitations d'un aimable séducteur. — Jeune dame desœuvrée en apparence. — La brillante Raimonde, après le diner, fait un tour de promenade dans le Jardin du Luxembourg. — La tendre Aspasie assise d'un air de nonchalance à la suite des plaisirs que l'amour lui a fait goûter.*

Très grandes marges.

25. — Cahier eee (pl. n^os^ 307, 309, 310, 311 et 312). 5 pièces gravées d'après Watteau, coloriées.

*La blonde Melite se promenant sur le midi du Palais-royal. — La belle*

*rêveuse assise dans la belle saison au milieu des Champs Elisées attendant son favori. — La jeune Elise s'entretenant sur le soir des plaisirs qu'elle doit goûter avec Lindor. — L'agaçante Eriphile se rendant à la voix de celui qui possède son cœur. — La minaudière Marinette avec son toutou chéri.*
Très grandes marges.

26. — Cahiers fff (pl. 313. 315), ggg (pl. 319. 320, 323, 324), mmm (pl. 343). 7 pièces gravées d'après Watteau et coloriées.

Planches ornées de guirlandes de fleurs et rubans, avec modèles de chapeaux et de souliers dans le bas. Les figures de costumes sont contenues dans de petits cadres.
*La jeune Eglé pleurant l'absence de son amant. — La belle Arsène méditant au Luxembourg. — Jeune personne coiffée d'un chapeau au Wauxhall. — Jeune personne vêtue d'une robe légère. — Jeune dame assise dans une promenade. — Jeune danseuse vêtue d'un caracot Pierrot. — Robe du matin en taffetas uni.*
Très grandes marges.

27. — Cahier HHHH (pl. 322. 325. 326. 327 et 330). 5 pièces gravées d'après Watteau et coloriées.

*Jeune bourgeoise assise dans une promenade publique contrefaisant la dame de qualité. — La belle Omphale se promenant à l'Arsenal. — Dame de distinction en fourreau du matin. — Dame de qualité un bouquet à la main, respirant le bon air aux Champs Elisées. — Jeune dame en Carracot-Pierrot.*
Très grandes marges.

28. — 1er *Cahier de grandes robes d'etiquette de la Cour de France, faisant suite aux Costumes français.* Cahier OOO (pl. 355 à 360), 6 pièces coloriées.

Très beau et très rare cahier, gravé par *Dupin* d'après les dessins de *G. de Saint-Aubin.*
Très grandes marges.

29. — 6 pièces de Desrais, coloriées.

*Jeune Dame en Circassienne garnie de blonde. — Jeune Dame vêtue d'une Robe à la Circassienne bordée de bandes en platitudes peintes* (Cah. C, 15e feuille). — *Jeune Dame de qualité en grande Robe coëffée avec un Bonnet ou Pouf élégant dit la Victoire* (8e cah. des Cost. fr.; 2e suite d'habill. de Femmes à la mode). — *Jolie femme en Circassienne de gaze d'Italie puce* (10e cah., 4e suite d'habill. à la mode). — *Demoiselle habillée en caracot, coëffée d'un bonnet à la Pomponne. — Jeune Bourgeoise vêtue d'une Polonaise avec un tablier de mousseline des Indes brodée.*
4 pièces ont de très grandes marges.

**30. — 4 pièces de Le Clerc sans numéros, coloriées.**

*Femme de qualité en déshabillé, se promenant le matin à la campagne. — Femme en caraco plissé de taffetas changeant gorge de pigeon. — Robe à l'anglaise, queue trainante, de taffetas, garnie de gaze en pouf. — Jeune élégant en habit moucheté.*

Très grandes marges.

**31. — 5 pièces de Le Clerc, à petites marges. L'une (robe de cour) est sans légende, les marges étant coupées au trait noir. Elles sont coloriées.**

*Petite Maitresse en robe à la polonaise* (Cah. G, pl. 39). — *Tailleur costumier essayant un cor à la mode. — Élégante en petite robe de Taffetas des Indes rayé. — Femme en déshabillé du matin couchée négligemment sur un sopha, et jouant avec son chien.*

**32. — 8 pièces de Desrais, Le Clerc, Martin, Watteau fils, etc., dont 7 coloriées.**

*Monarque juste et bienfaisant, vêtu d'un manteau royal de velours violet, semé de fleurs de lis d'or*, par Desrais, gravé par Deny et publié chez Basset. — *Monarque juste et bienfaisant vêtu simplement de l'habit français de velours cerise*, par Le Clerc. — Feuille 363-364 du cahier PPP : *L'imposante du Jardin du Roi*, par Watteau fils. — *Vénus*, par J.-B. Martin. — 2 pièces de Watteau, sans numéros : l'une est en noir. — Robe anglaise avec une calèche de gaze rayée, copie allemande. — 1 feuille coiffure.

2 pièces ont de très grandes marges.

**33. — Costumes françois pour les Coeffures depuis 1776 (et en 1777 et 1778).** *A Paris, chez Esnauts et Rapilly, s. d.*, **30 planches in-fol. en feuilles.**

Joli ensemble de 5 cahiers formant 30 planches à 4 sujets par planche : elles sont coloriées. Voici les titres des cahiers et les titres des coiffures de la première planche de chaque cahier :

1re *Suite des Costumes François pour les Coeffures depuis 1776* (**Bonnet à la Victoire, — la Candeur, — Bonnet au Levant, — le Parterre galant**) ;

2e *Cahier des Nouveaux Costumes Français pour les Coeffures* (Nouvelle Coeffure en plumes. — Coeffure à la Reine [cette figure rappelle le portrait de Janinet]. — Bonnet au fichu. — Bonnet aux Aigrettes).

Au bas de la première planche : *Dessiné d'après nature par les plus célèbres Artistes en ce genre* ;

3e *Cahier des Modes françaises pour les Coeffures depuis 1776* (**Bonnet aux Bouillons. — Bonnet à la paysanne d'un nouveau goût. — Bonnet aux Clochettes. — Bonnet en Pouf**) ;

4e *Cahier des Costumes Français pour les Coeffures en 1777 et 1778* (chapeau demi négligé, de goût garni d'un bandeau de plume sur le devant. — Coeffure à quatre boucles droites séparées, surmontée d'un bouillon de gaze en pouf, avec un héron de plumes. — Coeffure à trois grandes boucles lâches, et la phisionomie saillante en coque, le pouf très bas et bordé sur le devant d'une guirlande de fleurs. — Bonnet ceint d'une guirlande d'armille).

5e *Cahier des Costumes français pour les Coeffures depuis 1776* (Chapeau anglais. — Le Pouf à la Puce. — Bonnet au chapeau galant. — Bonnet anglo-américain).

34. — 41e Cahier des Costumes français. IIe suitte des Coëffures à la mode en 1785 (feuille n° 247). *A Paris, chez Esnauts et Rapilly.*

Cette feuille contient 16 petites figures de coiffures et chapeaux coloriées.

35. — La Parure des Dames, ou 1re Collection des plus belles Coeffures. Inventée depuis l'Année 1776 et ainsi de suite. *A Paris, chez Mondhare, rue St-Jacques près St-Severin, s. d.*, in-fol., dos et coins bas, grenat foncé.

12 jolies planches de coiffures et chapeaux à 4 sujets par planche : 2 ont deux couplets gravés au bas, *air : Des Portraits à la mode* ; elles sont à très grandes marges sauf la première. Ces planches sont coloriées.

36. — Coeffures 1785, 16 figures en 1 vol. in-12, rel. soie blanche, grand encad. de fils d'or et de feuilles brodées en soies de diverses couleurs, milieu orné d'un bouquet de fleurs brodées en soie, attachées par un nœud Louis XVI en fils d'or, tr. dor. (*Rel. du XVIIIe siècle*).

Recueil de 16 jolies petites figures de coiffures et chapeaux gravées et coloriées, collées à plat :

*Hérisson ceint d'un ruban. — Chapeau moucheté garni de ruban. — Chapeau à l'anglaise. — Chapeau tigré à la Pensilvaine. — Chapeau à la Grenade dit la Conquête de Destaing. — Coeffure à l'enfance. — Coeffure à la Jamaïque. — Bonnet à la Lionnaise*, etc.

37. — Planche numérotée 37, du 7e cahier de la Collection d'habillements moderne et galant. *A Paris, chez Basset*, 1 feuille coloriée à grandes marges.

Jolie feuille contenant les portraits, en buste dans un ovale, de Louis XVI, de Marie-Antoinette, du comte et de la comtesse de Provence.

38. — Nouvelles Coeffures en 1785 (n° 2). — 39e cahier des Costumes français. 10e suite des coeffures à la mode en 1785 (n° 223). — 13e suite de Coeffures à la mode en 1786 (n° 5). *A Paris, chez Esnauts et Rapilly*, 3 feuilles in-fol.

Ces 3 feuilles, dont une est raccommodée, renferment chacune 12 petites figures de coiffures et chapeaux ; coloriées.

39. — **LE NOUVEAU JEU DES MODES FRANÇAISES.** London, printed for. Rob' Sayer. *S. d.*, gr. feuille de 0m,50 + 0m,75 collée sur toile et coloriée.

Ce jeu, qui se jouait comme celui de l'Oie, renferme 63 petites gravures de modes et coiffures finement gravées.

Les coins sont ornés de 4 grandes gravures représentant : *Les Champs-Élysées, Odinot, Académie de Coeffures, Boutique de modes.*

Forte tache atteignant 4 des petites gravures.

40. — **COSTUMES ET ANNALLES DES GRANDS THÉATRES DE PARIS**, en figures au lavis et coloriées. Ouvrage destiné à représenter le costume exact de nos comédiens les plus éclairés, à relever les erreurs des faux costumes, à offrir des modèles à ceux qui sont inconnus ou altérés, ainsi que des recherches sur les habillemens de l'antiquité et des nations étrangères... par M. (Le Vacher) de Charnois. *Paris, Janinet,* 1786-1789, 4 vol. in-4, mar. rouge, petite dent., fleuron aux angles, dos orné, tr. dor. (*Delorme*).

Exemplaire en GRAND PAPIER, tiré de format in 4 et dans une reliure de l'époque, sauf le premier volume dont la reliure est moderne et copiée sur celle des trois autres volumes.

Collection complète de cet ouvrage périodique qui a paru du 15 avril 1786 au 8 novembre 1789 ; il comprend 176 numéros avec autant de portraits d'acteurs et d'actrices, scènes de théâtre et costumes, gravés par *Janinet, Guyot, Chapuis,* etc., d'après *Berthault, Dutertre, Le Barbier.*

Le n° 16 de l'année 1789 renferme 2 pl. non numérotées relatives au costume de César.

La première année n'a pas le titre ni le feuillet signé A contenant la scène v de *Mahomet.* On y a ajouté le portrait de Le Vacher de Charnois, gravé en couleurs par *Alix.*

41. — **COSTUMES ET ANNALES DES GRANDS THÉATRES DE PARIS**, en figures au lavis et coloriées. Ouvrage destiné à représenter le costume exact de nos comédiens les plus éclairés, à relever les erreurs des faux costumes, etc., etc. *A Paris, chez Janinet,* 1787-1788, 2 vol. in-4, veau marb., tr. rouges (*Rel. anc.*).

Deuxième et troisième années imprimées sur GRAND PAPIER, contenant chacune 48 planches gravées en couleurs ou en noir. Le titre de la deuxième année manque.

42. — **LA MÉSANGÈRE.** Journal des dames et des modes, 1797-

**1839. Collection des planches en 21 boîtes, forme livre, demi-rel. mar. bleu (*Petitot*).**

**Superbe exemplaire de la collection complète des 3624 planches; elles sont non rognées (sauf les nos 24, 55, 521 et à partir du no 2887) et ne portent aucune marque de pliage, ce qui est rare, le Journal ayant été reçu plié par les souscripteurs.**

**Le titre suivant, gravé en lettres anglaises, se trouve en tête de la collection : *Costumes parisiens de la fin du 18e siècle et du commencement du 19e ouvrage commencé le 1er juin 1797.***

**On y a ajouté les deux planches doubles (nos 41 et 55) différentes des premières.**

**On sait que la planche 2865 n'existe pas.**

43. — **DEBUCOURT**. Modes et manières du jour, 40 planches in-4, non reliées et coloriées.

Très belles épreuves à grandes marges; celle du bas est non rognée.

Nous avons les planches 1 à 48 moins les numéros 2, 3, 7, 15, 21, 23 et 42.

On y a ajouté la planche 5 avec petites marges.

Collection de la plus grande rareté.

44. — Recueil de 89 planches de modes, extraites de publications anglaises, en 1 vol. in-8, cartonn. demi-toile grise.

Planches finement gravées et coloriées, publiées de 1808 à 1824 dans le *Beau Monde or literary and fashionable Magazine*, le *R. Ackermann's Repository of Arts* et *la Belle Assemblée*.

45. — **GOURGOUGNOU**. Recueil de 57 dessins originaux au crayon Conté et aux crayons de couleurs. *Rennes*, 1865-1866, in-4, obl., mar. noir, plats couverts de fil. à froid droits et courbes, tr. dor.

Amusant recueil satirique donnant tous les uniformes militaires du second Empire.

Ces dessins, exécutés par le lieutenant Maurice Gourgougnou, sont accompagnés de légendes empruntées à divers auteurs et appliquées avec esprit aux différentes scènes de ce Recueil.

---

# RELIURES

46. — **DU MESPRIS DE LA COURT** et de la louange de la vie rusticque. Nouvellement traduict d'hespaignol (d'Antoine de Guevare) en françoys (par Antoine Alaigre). *A Lyon, chés Estienne*

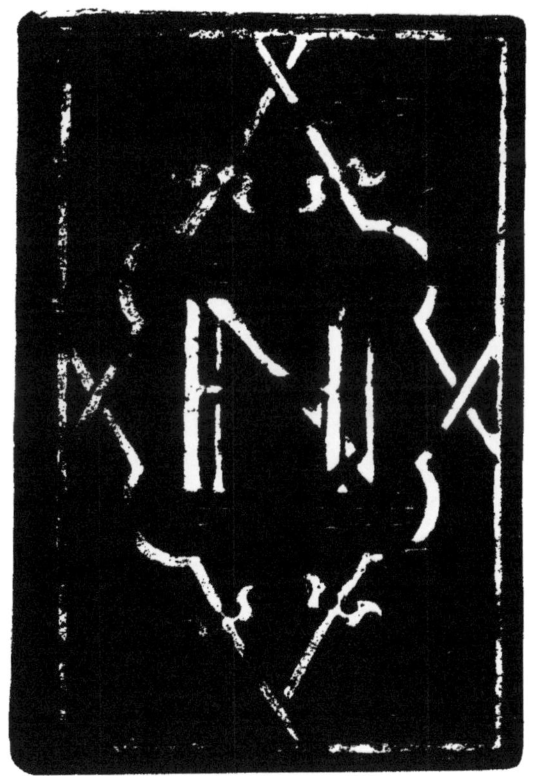

N° 46.

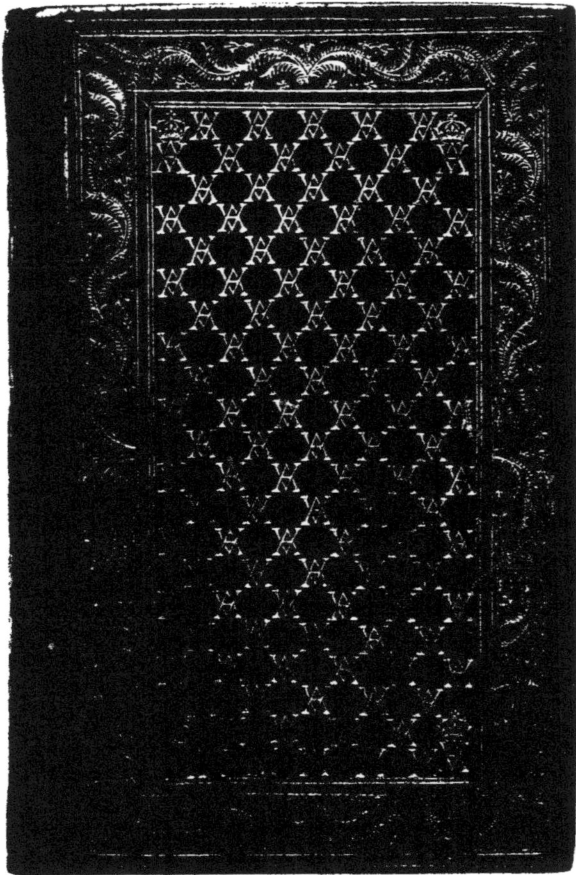

N° 50.

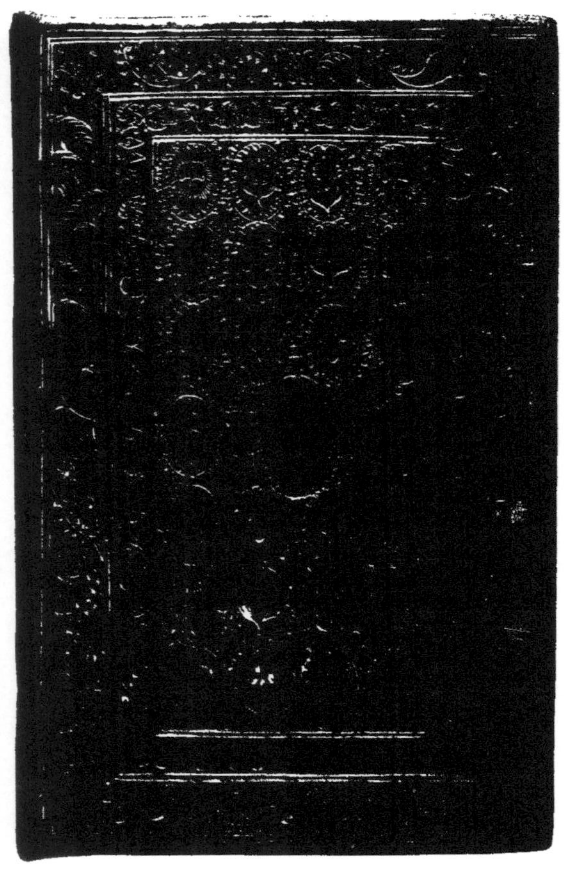

N° 47

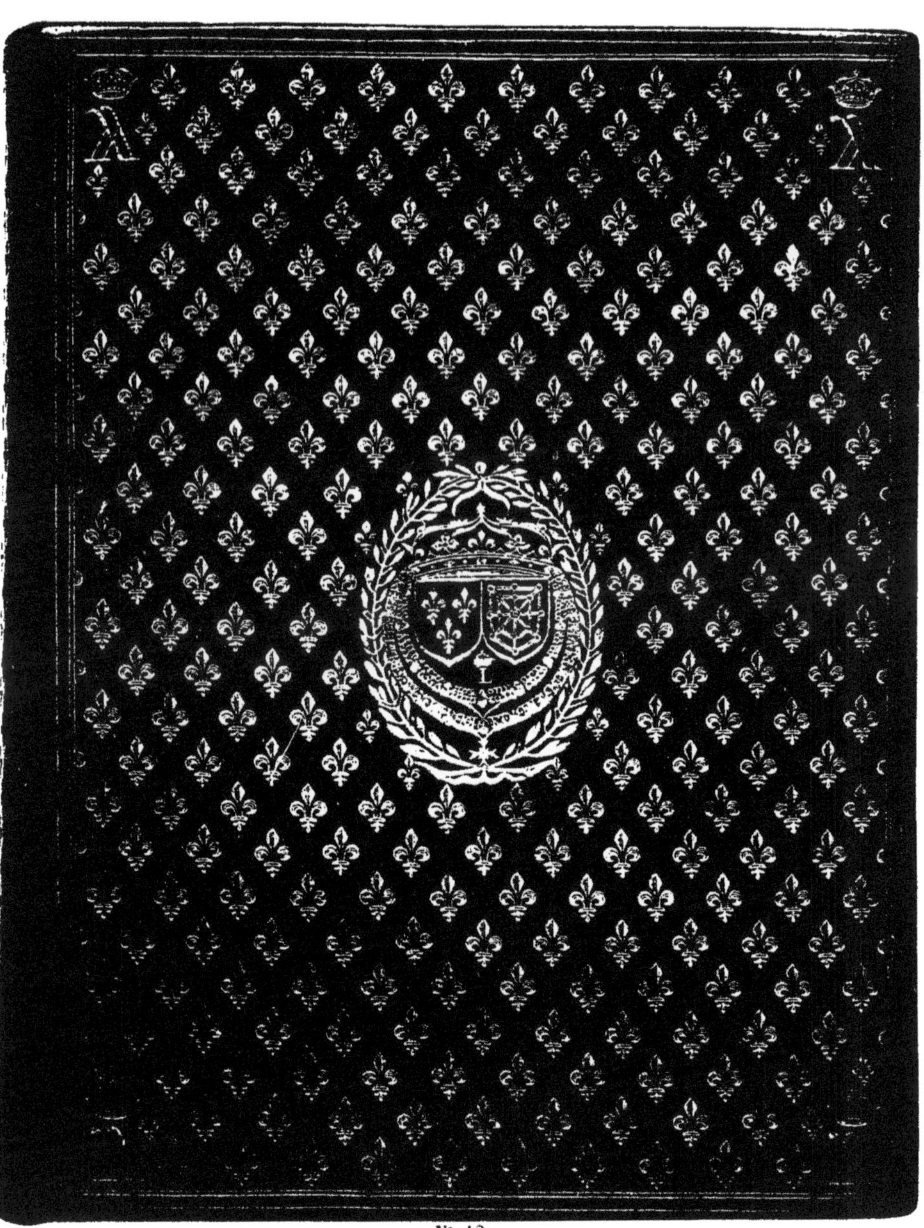

N° 18.

*Dolet*, 1542, 170 pag., 2 ff. blancs et 1 f. contenant la marque de Dolet. — L'Amie de Court. Nouvellement inventée par le Seigneur de la Borderie. *Ibid.*, *id.*, 1543, 38 pag. et 1 f. pour la marque de Dolet. — La parfaicte Amie. Nouvellement composée par Antoine Heroet, dict de la Maison neufue. Avec plusieurs aultres compositions dudict Autheur. *Ibid.*, *id.*, 1543, 95 pag. — La Contr' Amye de Court, par maistre Charles Fontaines parisien. *A Lyon, chez Sulpice Sabon pour Antoine Constantin, s. d.*, 1543, 48 pag. — 4 part. en 1 vol. in-8, réglé, veau fauve, plats couverts de compart. mosaïqués blancs et verts, à la Grolier, semis de petits points dorés, dos orné, tr. dor. et ciselées (*Rel. anc.*).

Recueil de quatre pièces en éditions très rares. Brunet ne cite pas l'édition de Dolet du *Mespris de la Court*.

Jolie reliure du XVI^e^ siècle dont les plats sont très bien conservés, le dos est restauré. Au milieu des plats, un grand monogramme formé des lettres H N C et E.

Le volume a dû être remis dans la reliure à une époque déjà ancienne.

47. — PSAULTIER DE DAVID (Le), torné en prose mesurée, ou vers libres, par Blaise de Vigenère, bourbonnois. *A Paris, chez Abel l'Angelier*, 1588, in-8, mar. olive, encad. de 6 fil. orné de palmes et de petits fers, plats entièrement couverts de petits médaillons de feuillages contenant une grande fleur (œillet, marguerite, glands de chêne, etc.) ou emblème du saint Esprit, le dos orné de même façon, tr. dor. (*Rel. anc.*).

Belle reliure de Clovis Eve, bien conservée.

48. VIGNIER (Nicolas). Traicté de l'ancien estat de la Petite Bretagne et du droict de la couronne de France sur icelle : contre les faussetez et calomnies de deux histoires de Bretagne, composées par feu le S^r^ Bertrand d'Argentré, président au Siège de Rennes, par feu M^r^ Nicolas Vignier, de Bar-sur-Seine, medecin et historiographe du Roy. *Paris, Adrian Perier*, 1619, in-4, réglé, mar. olive, fil., plats et dos entièrement semés de fleurs de lis, tr. dor. (*Rel. anc.*).

SUPERBE EXEMPLAIRE de dédicace aux armes et au chiffre de LOUIS XIII.

La reliure, d'une conservation parfaite, est ornée à chacun des angles des plats, du Chiffre couronné du Roi.

49. OFFICIUM B. MARIAE VIRGINIS. *Anvers, J. Moretus*, 1609, in-4, mar. rouge, encad., plats et dos couverts de compart. de filets

droits et courbes remplis de feuillages et de petits fers. tr. ord. (*Rel. du* XVII*e siècle*).

Belle reliure manquant un peu de fraîcheur. Le livre est incomplet du titre ainsi que des derniers feuillets, il est taché.

50. — **CAUVIGNY** (François de). Histoire universelle de Trogue Pompée, extraicte de l'Epitome de Justin, par Messire François de Cauvigny, Seigneur de Coulomby, conseiller du Roy en son Conseil d'Estat et son orateur. *A Paris, de l'Imprimerie de Robert Estienne*, 1623, in-8, mar. rouge, encadrement de 6 fil. rempli de palmes à petits fers, plats entièrement couverts de losanges formés d'un double A, le dos orné de même façon, tr. dor.

Jolie et fine reliure de Clovis Eve.
Charmant exemplaire de la reine ANNE D'AUTRICHE, femme de Louis XIII : son chiffre surmonté de la couronne royale se trouve aux angles et sur le dos de la reliure.

51. — **CASSAN** (Jacques de). La Recherche des droicts du Roi et de la Couronne de France sur les royaumes, duchez, comtez, villes et païs occuppez par les Princes estrangers, appartenans aux rois tres-chrestiens par conquestes, successions, achapts, donations et autres titres légitimes. Ensemble de leurs droicts sur l'Empire et des devoirs et hommages deubs à leur couronne par divers princes estrangers. Par Jacques de Cassan, conseiller du Roy et son premier advocat au siege presidial de Beziers. *Paris, François Pomeray*, 1632, in-4, mar. rouge, compart. de fil., tr. dor. (*Rel. anc.*).

Exemplaire de dédicace aux armes du cardinal de RICHELIEU.
Mouillures.

52. — **OFFICE DE LA SEMAINE SAINTE** (L') corrigé par le commandement du Roy, conformement au Breviaire et Messel de Notre S. Père le Pape. *Paris, Charles Fosset, s. d.*, in-8, réglé, front. et fig., mar. rouge, compart. de filets remplis de petits fers au pointillé, grande fleur de lis aux angles, dos orné, tr. dor. (*Rel. anc.*).

Jolie et fraîche reliure aux armes de LOUIS XIV, sur les plats et sur le dos.
Cette reliure est beaucoup plus élégante que celles qui recouvrent ordinairement ce genre de livres.

53. — **OFFICE DE L'ÉGLISE** (L'), en latin et en français. Avec une instruction pour les fidelles. Dedié au Roy. *Paris, Pierre Le Petit*,

N° 52.

760

sa Ma.té de tres haulte et tres puissant Prince Monseigneur Gaston Jean Baptiste fils de France, Oncle du Roy, duc d'Orleans et de Chartres, Comte de Blois Lieutenant general pour sa Ma.té en toutte l'estendue de son royaume, de tres haulte et tres puissante Princesse Madame Marguerite de Lorraine duchesse d'Orleans son espouze, de tres haulte et tres puissante Princesse Madamoiselle Anne Marie d'Orleans duchesse de Montpensier, de St Fargeau, et de Chastellerault Princesse souveraine de Dombes, de tres haulte et tres puissante Princesse, Madame Marguerite Charlotte de Montmorency Princesse de Condé, de tres hault et tres puissant Prince Monseigneur Louis de Bourbon Prince de Condé Premier Prince du sang, Premier Pair de France, duc d'Anguyen Gouverneur et Lieutenant general pour sa Ma.té es ses provinces de Berry, Bourgogne et Bresse. de tres haulte et tres puissante princesse [illegible] de Maillé son espouze, de tres hault et puissant Prince Mre Armand de Bourbon Pr. de Conty, gouverneur et lieutenant general pour sa Ma.té es Champagne et Brie, de tres haulte et tres puissante Princesse Madame Anne de Bourbon Duchesse de Longueville, de tres illustre et eminentissime ~~de tres illustre et eminentissime Monseigneur l'eminentissime~~ Cardinal Mazarin

Louis

Anne

Philippe

Gaston

Marguerite de Lorraine

Anne Marie Louise Dorleans

Cham de Savoye

Catherine de Joyeuse

Louis de Lorraine

Charles [illegible]

de Narbonne

C de Montmorancy

Le Cardinal Mazarini

Louis de Bourbon

Armand de Bourbon

Anne de Bourbon

[illegible]

Anne de Gonzague

Françoise de Lorraine

Le Card. Mazarini

de Montmorency

Chevreuse

Jehanne de Rohan

Roger de Lorraine

Marie de Lorraine

[illegible]

[illegible]

Gaston de Foix et de la Valette

[illegible]

Anne de [illegible]

[illegible]

Elisabeth de Vendosme

Henry de [illegible]

Ventadour de la Guiche

Anne de la Guiche

Susanne [illegible]

Marie de Balsac

Armande de Schonberg

Louis de Bassompierre

Claude de Bourdeille

Monttresor

Louise de Béon

1678, in-12, mar. rouge, fil., fleurs de lis aux angles, dos orné, tr. dor., fermoirs (*Rel. anc.*).

Sur les plats de la reliure se trouve le grand chiffre fleuronné et couronné de la reine Marie Thérèse, femme de Louis XIV.

54. — **ORIGINE** della Ven. Confrater. del SS. Crocifisso, nella chiesa de' RR. PP. dè servi di M. V. in Padova. *In Padova*, 1780, pet. in-8, front., rel. en soie brodée de fils d'argent, grand encad. de paillettes et de fils d'or, gardes de satin vert, tr. dor., étui de mar. vert.

Reliure italienne du XVIIIe siècle, très fraîche, avec les armes d'un prélat brodées sur les plats.

---

55. — **CONTRAT DE MARIAGE** de Louis de Lorraine, duc de Joyeuse, et de Françoise Marie de Valois, fille de Louis de Valois, comte d'Alais, signé par Louis XIV et tous les princes et grands dignitaires de la Couronne. *Compiègne*, 8 août 1649, petit in-fol. de 6 ff., mar. rouge, fil., titre sur un des plats.

Pièce précieuse par le grand nombre de signatures de grands personnages qu'elle renferme et que nous citons :

Louis XIV ; Anne d'Autriche ; Philippe, duc d'Anjou ; Gaston, duc d'Orléans ; Margte de Lorraine ; Dse d'Orléans ; Anne Marie Louise d'Orléans ; Cham de Savoye ; Cath. de Joyeuse, Dse de Guise ; Louis de Lorraine, duc de Joyeuse ; Charles B. de Valois, duc d'Angoulême ; F. de Margonne ; Le Tonnelier, Seigr de Voyennes ; C. de Montmorency, Psse de Condé ; Louis de Bourbon, prince de Condé ; Armd de Bourbon, prince de Conti ; de Maillé, princesse de Condé ; Anne de Bourbon, Dse de Longueville ; Anne de Sonsance ; Françoise de Lorraine ; Cardinal Mazarin ; M. de Montmorency ; la duchesse de Chevreuse ; Jeanne de Rohan ; Cesar de Vendosme ; Charlotte de Lorraine ; Henry de Metz ; Le maréchal de Turenne ; G. de Foix et de Lavalette, Dc d'Espernon ; François Christophe de Lévy ; Anne de Lévy ; François de Montmorency ; le Maréchal de Villeroy ; Élisabeth de Vendosme ; Henry de Savoie ; le duc de Ventadour ; Ch. de la Guiche ; Anne de la Guiche ; Susanne Ausespaulles ; Marie de Balzac ; J. Armande de Schonberg ; L. de Bassompierre, Ev. de Saintes ; Claude de Bourdeilles ; Montrésor ; Louise de Béon ; Claude du Maine ; de Guenegaud ; Amanio ; Claude de Lorraine ; Roger de Lorraine ; Marie de Lorraine.

Ce contrat a été mis dans une reliure ancienne ; il a été orné d'un titre et d'une table des noms, calligraphiés avec soin en lettres d'or, bleues et rouges.

---

# ESTAMPES ANCIENNES

EN NOIR ET EN COULEUR

## FRANÇAISES ET ANGLAISES DU XVIIIe SIÈCLE

### BASSET

(A Paris, chez)

56. — *Exécution de Louis Capet XVIe du nom*, le 21 janvier 1793.

In-fol. en travers gravé à l'eau-forte et rehaussé de coloris. Rare et intéressante estampe relative à l'histoire révolutionnaire. Marge.

### BENOIST

(Par et d'après A.)

57. — *Portraits de Louis-le-Grand*, gravés suivant ses différents âges, 1704.

Composition figurant un trophée d'attributs militaires groupés autour d'un palmier. Dix médailles représentant Louis XIV à différents âges y sont suspendues.

In-fol. au burin. Marge.

## BOUCHER

### (D'après F.)

58. — *Tête de Flore.*

Estampe in-fol. gravée en imitation du pastel par L. Bonnet (N° 192). C'est le portrait de l'une des deux filles de Boucher.

Superbe épreuve imprimée en couleur ; avec toute sa marge. Rarissime dans cet état de conservation.

Cadre ancien Louis XVI, en bois sculpté.

## BOVI

### (Mariano)

59. — *Marie-Antoinette, queen of France.*

Estampe petit in-fol. en médaillon ovale, gravé dans la manière de Bartolozzi, par son élève d'après Ducreux et publiée à Londres en 1793 (Lord R. Gower 59).

Très belle et rare épreuve imprimée en couleur. Marge.

(Collection P. Debrou.)

## BOZE

### (D'après J.)

60. — *Louis Seize, Roi de France et de Navarre.*

In-fol. Médaillon ovale sur tablette gravé par Henriquez.

Belle épreuve.

## CAMPION

61. — *Démolition de la Bastille.*

Pet. in-fol. en travers, d'après Tetar.

Belle épreuve imprimée en couleur. Marge.

## CAZENAVE

62. — *Jugement de Marie-Antoinette d'Autriche,* au tribunal révolutionnaire.

In-fol. en travers d'après Bouillon, 1794 (R. G. 79).

Rare et belle épreuve gravée au pointillé et imprimée en couleurs avec la légende effacée. Marge.

## COCHIN le fils.

(C. N.)

63. — *Décoration du Bal masqué* donné par le Roy à Versailles, à l'occasion du Mariage du Dauphin.

26 *Décoration du Bal paré* donné par le Roy, dans la Salle du Manège, à Versailles, à la même occasion.

Deux très grandes pièces in-fol., la seconde d'après Slodz.

## COSWAY

(D'après R.)

64. — *The Right Hon^ble Harriet Viscountess Bulkeley.*

30 Estampe petit in-fol. gravée par F. Bartolozzi.
Épreuve de la réimpression, en bistre, marge.

## CURTIS

65. — *Marie-Antoin^tte d'Autriche,* Reine de France.

68 Estampe in-fol. avec portrait en médaillon ovale sur fond de tablette, d'après Dufroë (R. G. 98).
Superbe épreuve. Petite marge.

(Collection P. Debrou.)

## DEBUCOURT

(Par et d'après P.-L.)

66. — *La Promenade Publique.* 1792.

1.400 Estampe capitale du maître, grand in-fol. en largeur (Maurice Fenaille 33).
Très belle épreuve imprimée en couleur.
Winbach Cadre ancien Louis XVI, en bois sculpté doré.

## DEBUCOURT

(Par et d'après P.-L.)

67. — *La Rose mal défendue.*

1.100 In-fol. en hauteur, publiée en 1791 (M. F. 27).
M^me Rousseau Girard Très belle et très rare épreuve imprimée en couleur. Remargée.
Cadre en bois culpté doré, style Louis XVI, de la maison Tardif.

## DE MACHY

(D'après)

68. — *Vue du Port S^t-Paul.*
*Vue de la Porte S^t-Bernard.*

Deux estampes faisant pendants, grand in-fol. en travers, gravées par Descourtis ; intéressantes pour l'Histoire de Paris.

Très belles épreuves imprimées en couleur, avec les titres gravés en écriture anglaise. Petite marge.

## DESFOSSÉS

(D'après)

69. — *La Reine annonçant à M^{me} de Bellegarde, des Juges, et la liberté de son mari,* en mai 1777.

Jolie estampe in-fol. en travers, dans un bel encadrement, gravée par A.-J. Duclos, sous la direction de Basan.

Très belle épreuve rehaussée de coloris.

## DOWNMANN

(D'après)

70. — *Her Grace the Dutchess of Devonshire.*

Estampe en médaillon ovale, petit in-fol., gravée par F. Bartolozzi.

Superbe et très rare épreuve imprimée en couleur d'un des plus gracieux portraits de femmes de l'École anglaise du XVIII^e siècle. Marge.

Cadre de style Louis XVI, en bois doré de la maison Tardif.

## DUPLESSIS-BERTAUX

(D'après)

71. — *Indépendance des États-Unis.*

Petite estampe allégorique en médaillon rond in-4, gravée par L. Roger en 1786.

Superbe épreuve imprimée en couleur. Marge.

## DURAMEAU

(D'après)

72. — *Louis Quinze, Roi de France.* — *Louis Dauphin de France.*

Deux estampes petit in-fol. gravées par DE FEHRT.

Belles épreuves enluminées. Marge.

## ÉCOLE FRANÇAISE DU XVIIIe SIÈCLE

73. — Dans un médaillon ovale une scène d'intérieur représentant une jeune femme assise auprès de son métier à broder causant à deux enfants occupés à dévider un écheveau de laine.

Le médaillon est dans un cadre rehaussé de dorure et suspendu par un ruban noué et entouré de branches fleuries de liseron.

Gravure au pointillé en bistre rehaussée de couleur et imprimée sur satin. Elle est incrustée sur le plat d'une reliure de portefeuille.

## FORES

(Published by)

74. — *The Raft in Danger*, or the Republican crew disappointed.

In-fol. en travers. Curieuse caricature gravée à l'eau-forte et coloriée, publiée à Londres en 1798.

## GABRIELLI

(A.)

75. — *Marie-Antoinette d'Autriche*, Reine de France, née à Vienne, an 1755.

Estampe petit in-folio, en médaillon ovale, d'après S. Gratise, publiée à Londres, chez Colnaghi (R. G. 148).

Rare et superbe épreuve IMPRIMÉE EN COULEUR d'un état NON DÉCRIT par Lord R. Gower. Grande marge.

(Collection P. Debrou).

## GARNEREY

(D'après)

76. — *Louis XVI*, roi de France.

Petite pièce in-8, par Nyon et Lefèvre, coloriée. Remargée.

## GUYOT

(Chez)

77. — *Vue du Jardin de la Bastille.*
*De Launay, gouverneur de la Bastille*, pris et conduit à l'Hôtel de Ville, le 14 juillet 1789.

Deux petites estampes, médaillons ovales in-4 en travers.
Très belles épreuves imprimées en couleur. Marge.

78. — *De Launay, gouverneur de la Bastille*, etc.

L'une des estampes précédentes en superbe épreuve imprimée en couleur. Grande marge.

## GUYOT

(Chez)

79. — *Vue de la Bastille prise des Fossées S'-Antoine* (*sic*).
1re *Attaque du premier pont levie de la Bastille* (*sic*).

Deux petites estampes, médaillons ovales in-4 en travers, la première d'après Garnerai.
Très belles épreuves, imprimées en couleur. Marge.

## GUYOT ET LES CAMPIONS

(Chez)

80. — *Vue prise du second pont-levis de la Bastille.*
*Vue de la Bastille.*

Deux petites estampes, médaillon ovale in-4 en travers et médaillon rond in-8, celle-ci d'après Sergent.
Très belles épreuves imprimées en couleur. Marge.

## HUET

(D'après J.-B.)

81. — *L'Amant écouté.*

Estampe petit in-fol. gravée par L. Bonnet.
Superbe et très fraîche épreuve imprimée en couleur avec la planche bleue.

## HUET

### (D'après J.-B.)

82. — *Offrande présentée par l'Amour à la fidélité.*

Estampe petit in-fol. en travers gravée par L. Bonnet.
Très belle épreuve imprimée en couleurs.

## JANINET

### (F.)

83. — *Les Sentiments de la Nation.*

*Antoinette, des lys espérance bien chère*
*Ce beau jour met le comble à la Félicité*
*Vous êtes dans nos cœurs. Roi, Reine, Enfant et Mère*
*Réunis par l'amour et la fidélité.*

Petit in-folio, d'après J.-B. Huet, publié chez Isabey (R. G. 190).
Superbe épreuve de cette rare et jolie estampe, gravée à la manière du lavis et imprimée en couleur. Marge.

## JANINET

### (F.)

84. — *Le Baiser de l'Amour. — Le Baiser de l'Amitié.*

Deux estampes in-fol., médaillons ovales sur fond marbré d'après Doublet, faisant pendants.
Très belles épreuves imprimées en couleur. Marge.

## KREÜTZINGER

### (D'après)

85. — *Son Altesse Royale Madame Marie-Thérèse-Charlotte de France, Duchesse d'Angoulême, etc., etc.*

Petit in-fol. avec portrait en médaillon ovale, gravé au pointillé par Neidl et publié à Vienne, chez Artaria et Cie.
Superbe et très rare épreuve de ce charmant portrait, imprimé en couleur. Marge.

## LARMESSIN

(Par et d'après de)

160

86. — *Almanach pour l'an de grâce 1686.*

Pièce grand in-folio représentant l'Audience Royale de Louis-le-Grand, donnée au sérénissime Doge de Gennes (*sic*).

Superbe épreuve.

## LAWREINCE

(D'après NICOLAS)

87. — *L'Aveu difficile.*

1.500
Comte de Mun

Estampe in-fol., gravée à la manière du lavis par F. Janinet (E. B. 8).

Superbe, très fraîche et rare épreuve imprimée en couleur avec marge.

Cadre en bois sculpté doré, style Louis XVI, de la maison Tardif.

## LAWREINCE

(D'après NICOLAS)

88. — *La Comparaison.*

3.200
Comte de Mun

Estampe in-fol., gravée à la manière du lavis par F. Janinet (E. B. 12).

Magnifique épreuve, imprimée en couleur, AVANT TOUTES LETTRES, et avec une belle marge.

Cadre ancien Louis XVI, en bois sculpté doré.

## LAWRENCE

(D'après Sir THOMAS)

89. — *Miss Farren.*

1.100
Soubiran

Estampe in-fol., en hauteur, gravée par F. Bartolozzi, représentant la célèbre actrice en pied, vue de profil, tenant son manchon.

Très belle épreuve AVANT LA LETTRE imprimée en bistre. Petite marge.

Cadre ancien Louis XVI en bois sculpté doré.

## LAWENCRE

### (D'après Sir THOMAS)

90. — *Portraits of Lady Bagot, Viscountess Burgherst and Lady Fitzroy Somerset.*

Estampe in-fol. en hauteur gravée en fac-simile de dessin par J. Thomson, et publiée à Londres en 1827.
Très belle épreuve sur Chine à toute marge.

## LE CLERC

### (D'après)

91. — *Marie-Antoinette, Archid^e d'Autriche*, sœur de l'Empereur, Reine de France, née à Vienne le 2 Novembre 1755.

Petit in-fol. par Le Beau représentant la Reine debout en grand costume de Cour (R. G. 216).
Belle épreuve rehaussée de coloris ; les mots « de M^gr le Duc de Chartres » qui suivent la signature du graveur sont effacés. Grande marge.

92. — *La même estampe.*

Belle épreuve en noir du même état. Marge.

## LECŒUR

93. — *Les Chagrins de l'Enfance.*

Estampe in-fol. d'après Mouchet, de même format et faisant suite avec les trois pièces si connues de Janinet d'après Lawreince : La Comparaison, etc.
Superbe et très rare épreuve imprimée en couleur avec marge. Elle est avec le fleuron représentant une cage et un papillon.
Cadre en bois sculpté doré, style Louis XVI, de la maison Tardif.

## MACRET

### (CÉSAR)

94. — *Marie-Antoinette, Arc^sse d'Autriche*, reine des Français.

Petit in-fol. avec portrait en médaillon ovale, d'après Mad^e Vigée-Lebrun (R. G. 254).
Superbe épreuve, imprimée en couleur avec la date 1790, gravée à rebours entre les noms d'artistes. Marge.

## MACRET

(César)

95. — *Louis Seize, Roi de France et de Navarre.*

Portrait faisant pendant à l'estampe précédente.
Superbe et très rare épreuve, imprimée en couleur, avec une grande marge. Elle est AVANT TOUTES LETTRES.

## MALLET

(D'après)

96. — *Chit chit !... — Par ici !...*

Deux petites estampes in-4 faisant pendants, gravées par Copia.
Superbes, très fraîches et rares épreuves, imprimées en couleur. Marge.

## MECHEL

(C. de)

97. — *Marie-Thérèse-Charlotte*, de France, fille de Louis XVI, née à Versailles, le 19 Décembre 1778.

Petit in-folio : Portrait ovale sur tablette rectangulaire avec cartel pour l'inscription. Publié à l'occasion du passage de cette Princesse, à Bâle, le 26 Décembre 1795.
Superbe épreuve imprimée en couleur. Marge.

## PERNET

(D'après)

98. — *IIe Vue de la Bastille.*

Estampe en médaillon ovale, petit in-fol. en travers, publiée chez les Campions.
Superbe épreuve imprimée en couleur. Marge.

## SAINT-AUBIN

### (D'après Augustin de)

99. — *Le Bal Paré.* — *Le Concert.*

Deux estampes in-fol. en travers faisant pendants, gravées par A.-J. Duclos (E. B. : 402-403).
Superbes épreuves avant l'adresse de Chereau. Marge.

(Collection Barrot.)

100. — *La Promenade des Remparts de Paris.* — *Tableau des Portraits à la mode.*

Deux estampes in-fol. en travers faisant pendants, gravées par P.-F. Courtois (E. B. : 378-382).
Très belles épreuves. Marge.

(Collection Barrot.)

## SAINT-AUBIN

### (D'après Aug. de)

101. — *L'Hommage réciproque.*

Estampe petit in-fol. représentant l'artiste et sa femme, gravée par Gaultier (E. B. 411).
Superbe et rare épreuve imprimée en couleur. Petite marge.

## SINGLETON

### (D'après)

102. — *Prise de la Bastille.*

Estampe grand in-fol. en travers, gravée par Nutter et publiée à Londres en 1792.
Très belle épreuve en bistre ; petite marge.

## SMITH

### (Par et d'après J.-R.)

103. — *Les Deux ami (sic)* or the two friends.

Estampe petit in-fol. en médaillon ovale avec encadrement, gravée en manière noire.
Superbe épreuve. Petite marge.

## THÉVENIN

## (C.)

104. — *Prise de la Bastille, le 14 juillet 1789.*

In-fol. en travers gravé à l'eau-forte et publié chez l'Auteur.
Belle épreuve ; petite marge.

## VERNET

## (D'après Carle)

105. — *Les Merveilleuses.*

Petite estampe en médaillon ovale, in-4 en travers : sans nom de graveur.
Très belle épreuve imprimée en couleur. Marge.

## VILLENEUVE

## (A Paris, chez)

106. — *Le Traître Louis XVI. — La Panthère autrichienne.*

Deux estampes, faisant pendants, petit in-fol., représentant les médaillons de Louis XVI et Marie-Antoinette, accrochés chacun à une lanterne (R. G. 360).
Superbes et rares épreuves en manière noire. Marge.

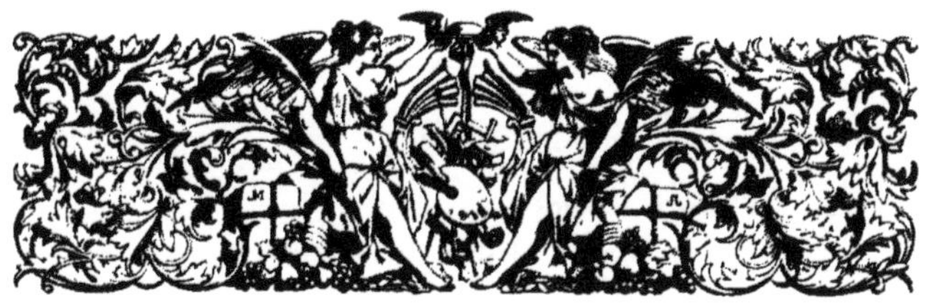

# DESSINS ANCIENS
# MINIATURE

### ANONYME

(XVIIe siècle)

107. — Grande miniature rectangulaire à l'aquarelle, rehaussée de gouache et de dorure. Sur un fond de draperie, une statue miraculeuse de Vierge noire tenant l'enfant Jésus, très richement vêtue d'un ample manteau tout brodé d'or et de joyaux ; elle repose sur un piédestal où se lit l'inscription : *Nª Sª de la Armedilla* ; deux anges soutiennent le nimbe de feu qui encadre sa tête, d'autres agenouillés soutiennent des guirlandes. XVIIe siècle.

Cadre en argent à moulures et frise de feuillages découpés à jour et gravés.

### ANONYME

(Commencement du XVIIIe siècle)

108. — *Le Cordonnier indiscret*. Gouache.

Cadre ancien Louis XIII en bois sculpté doré

## CHAPUY

109. — *Plan de la Bastille.*

In-folio. Donné par P.-F. Palloy, patriote, le 14 Juillet 1790.

## NAVLET

## (J.)

110. — *La Reine Marie-Antoinette conduite à l'échafaud, le 16 Août 1793.*

Importante aquarelle signée en bas à gauche.
Cadre ancien Louis XVI, en bois sculpté doré.

## NORRY

111. — *Salon des Muses projeté en 1794 pour être exécuté à Toulouse, maison de M. Boyer-Fonfrède.*

Dessin à la plume rehaussé d'aquarelle signé et daté 1807.

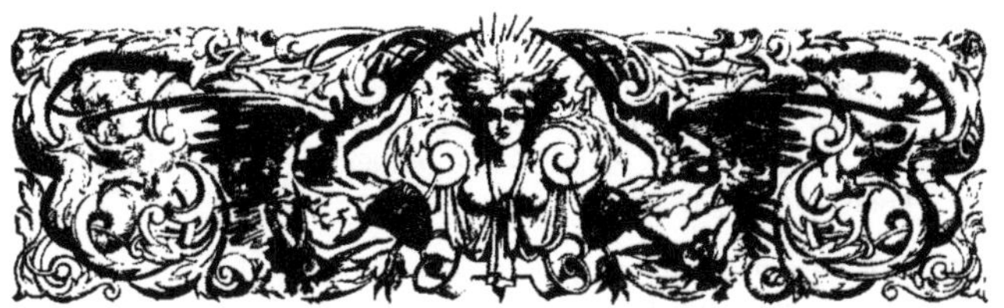

# OBJETS DE VITRINE

## BOITES, BONBONNIÈRES, MONTRES, COUTEAUX, ETC.

112. — Gaine en galuchat renfermant deux couteaux : l'un à lame d'or, l'autre à lame d'acier, avec manches garnis d'or. Époque Louis XVI.

113. — Couteau à deux lames pliantes, l'une d'argent, l'autre d'acier ; manche en nacre et monture d'argent et petites rosaces d'or. Étui en velours. Époque Louis XVI.

114. — Couteau pliant, à lame d'acier, manche en nacre, monture en or avec appliques de même métal repoussé sur les deux faces. Époque Louis XVI.

115. — Couteau et fourchette pliants en argent gravé ; manches en nacre, pointillés et montés en argent ; gaine en maroquin. Époque Louis XVI.

116. — Couteau à lame d'or fixe ; manche en nacre et monture en or. Fin du xviiie siècle.

117. — Boite ronde en ivoire finement sculpté offrant sur le dessus un sujet allégorique en bas-relief signé : Picot. 1783 ; au pourtour deux frises à draperies et guirlandes fleuries. Époque Louis XVI.

118. — Boite ronde en écaille posée d'or, ornée sur le dessus du couvercle, d'une miniature ronde : Scène de buveurs, dans la cour d'une auberge. Époque Louis XVI.

119. — Boite rectangulaire en ancienne porcelaine de Saxe, à pâte gaufrée à rocailles, décorée extérieurement de gerbes de fleurs et de fleurettes en camaïeu violet. Au revers du couvercle : Sujet à personnages dans le goût de Watteau. Monture dorée. Époque Louis XV.

120. — Tabatière oblongue en or gravé et guilloché à rinceaux, palmettes et carrelages. Commencement du XIX<sup>e</sup> siècle.

121. — Bonbonnière ronde en or guilloché et gravé à frise de feuillages et petites bordures. Même époque.

122. — Bonbonnière ronde en cristal de roche : monture en or à charnière avec galons à entrelacs, fleurons, etc. Époque Louis XVI.

123. — Montre de dame, d'époque Louis XVI, à double boîtier, en or guilloché et ciselé à petits cordons de feuillages : médaillon central allégorique avec petits émaux en couleur. Elle est enrichie de roses et suspendue à un ruban noué en or ciselé et partiellement émaillé de style Louis XVI, formant broche.

124. — Montre en or à cadran ajouré avec sonnerie actionnant un sujet animé. Époque Restauration.

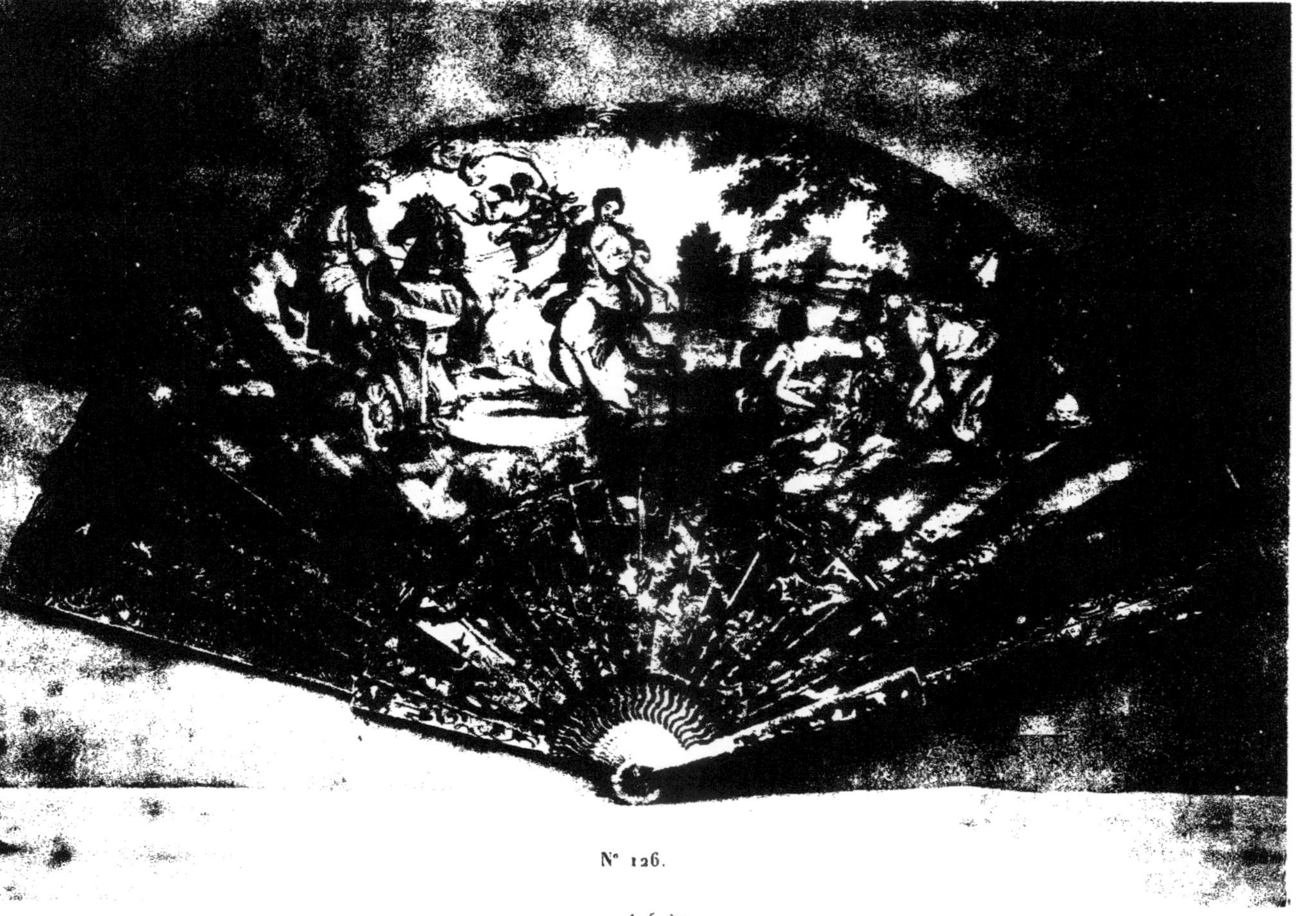

N° 126.

1500

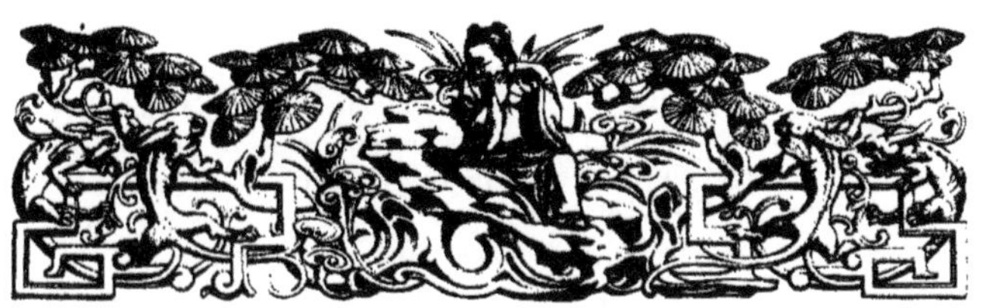

# ÉVENTAILS ANCIENS DU XVIIIe SIÈCLE

125. — Éventail du temps de la Régence : la feuille peinte à l'aquarelle sur ses deux faces offre, dans une série de compartiments, de nombreuses compositions à petits personnages : sujets mythologiques. La monture, en écaille brune piquée et posée d'argent est incrustée de nacre.

126. — Éventail du temps de Louis XV : la feuille, peinte à l'aquarelle sur vélin, offre une grande composition à sujet mythologique, encadrée de festons et rocailles en couleur et dorure. La monture en nacre sculptée, gravée et ajourée présente une gracieuse scène galante à personnages dans un décor de portiques, de berceaux et de rocailles peuplés d'amours et ornés de fleurs, en couleur et dorure.

127. — Éventail du temps de Louis XVI. La feuille peinte à la gouache est décorée d'un médaillon central à sujet pastoral et de chaque côté d'un vase, le tout enguirlandé de fleurs sur fond d'argent, avec bordure rehaussée d'or. La monture est en nacre sculptée, gravée et ajourée, agrémentée de berger et bergère, motifs symboliques et torsades de fleurs et feuillages en ors de couleur.

1.950 Leclerc

128. — Éventail du temps de Louis XVI. La feuille, peinte à la gouache sur papier, offre une composition dans le goût de Lawreince. Dans un parc, auprès d'une fontaine, un groupe de jeunes femmes se livrent au plaisir de la pêche à la ligne : un chasseur vient à droite se mêler à leur société pendant que des valets préparent un goûter champêtre. La monture est en écaille blonde sculptée, gravée et découpée à jour : au centre, médaillon à personnages : le Serment d'amour ; à droite et à gauche d'autres médaillons à sujets allégoriques de petits amours, festons de fleurs, guirlandes, entrelacs, en ors de couleur.

2.500 Lang

129. — Éventail du temps de Louis XVI. La feuille en soie brodée d'or et de paillettes de couleur présente trois médaillons à personnages : Sujets galants, peints à la gouache. La monture ajourée et découpée ainsi qu'une dentelle offre sur fond simulant le tulle, sculptée en bas-relief et dorée, une composition à quatre personnages représentant *M^r de Bellegarde, aux pieds de la Reine Marie-Antoinette, la remerciant de la grâce qu'elle lui a accordée, sur la demande de M^me de Bellegarde*. De chaque côté, un groupe de deux personnages. Sur chacune des gardes de l'éventail, se voient un motif allégorique, et, soutenu par un amour, un médaillon avec l'initiale M (Marie-Antoinette) couronnée de fleurs.

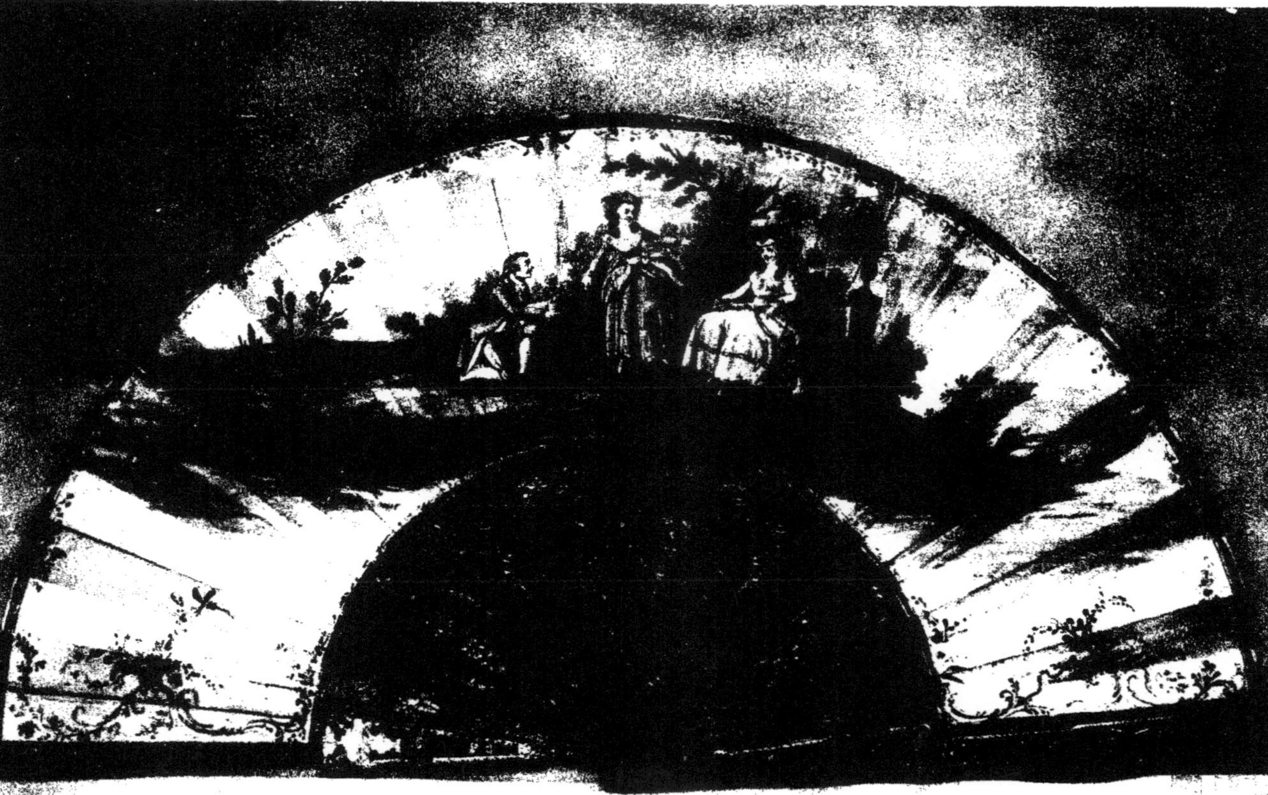

N° 128.

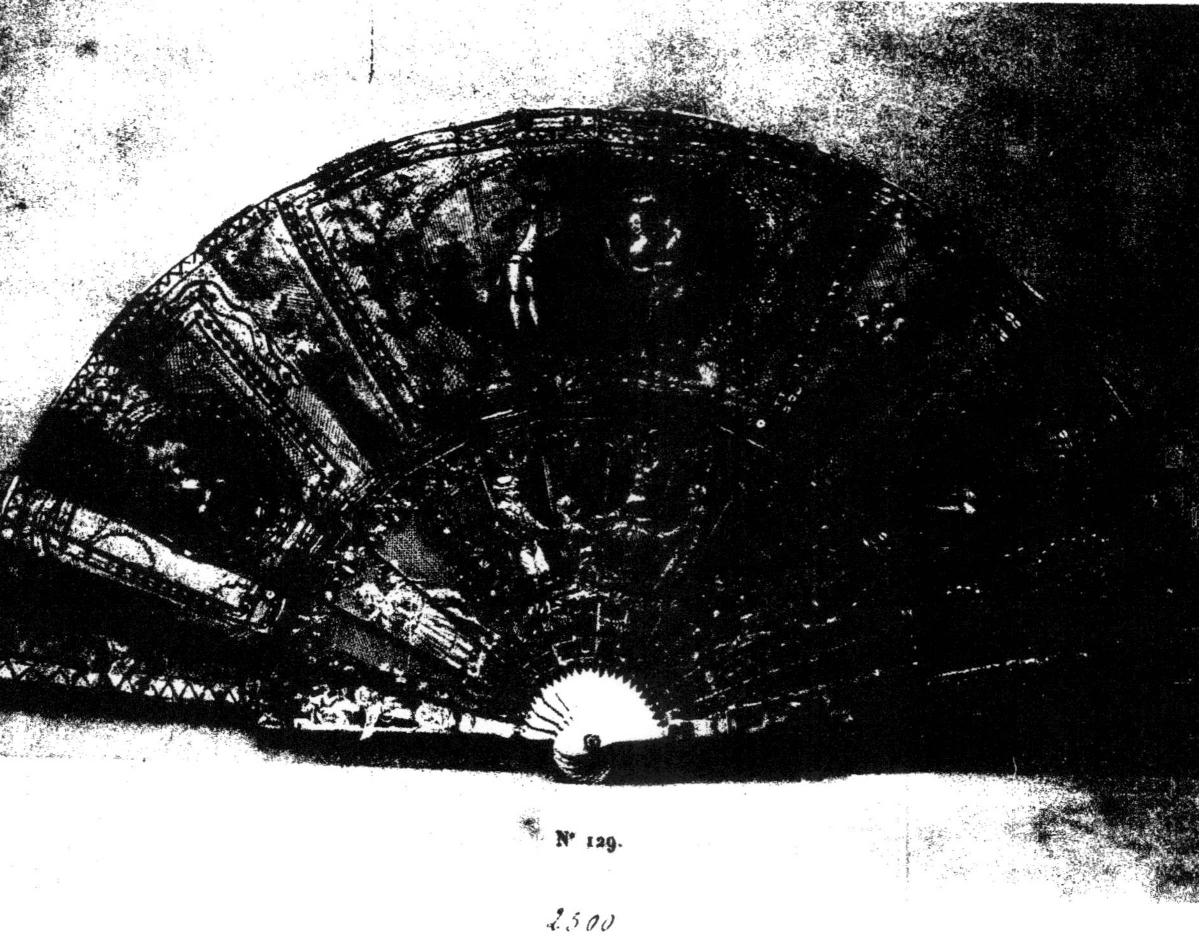

N° 129.

2500

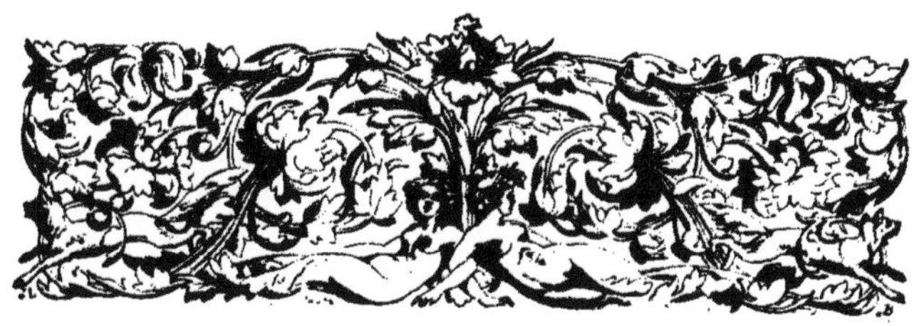

# OBJETS DIVERS

130. — Coffret à dentelles en cuir gaufré et partiellement doré : ornements simulant des rosaces et galons en dentelle d'or. xviie siècle.

131. — Petit coffret en maroquin doré aux petits fers avec incrustations de turquoises.

132. — Écrin recouvert en soie orné à l'intérieur d'un tableau en soie peinte et mosaïque d'étoffes de soie et velours : Sujet galant. xviiie siècle.

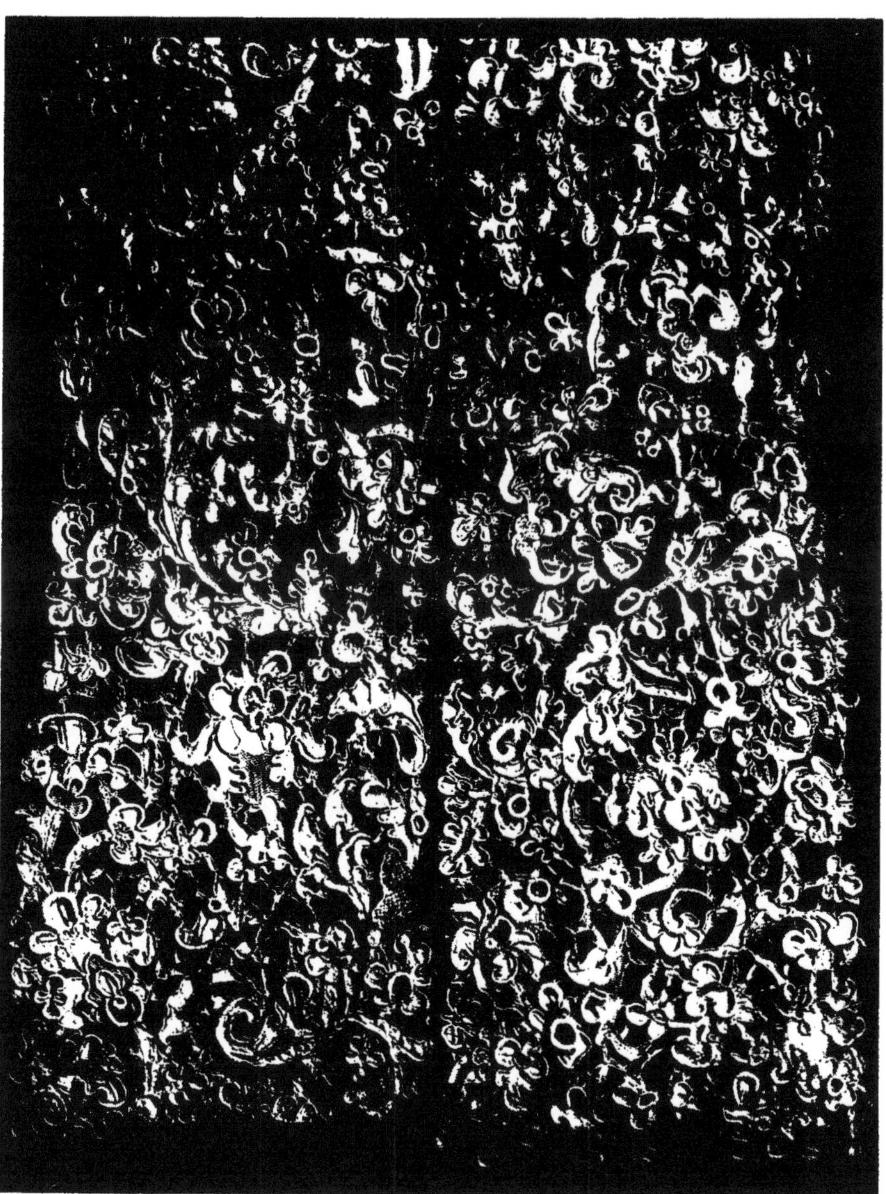

N° 133.

1660

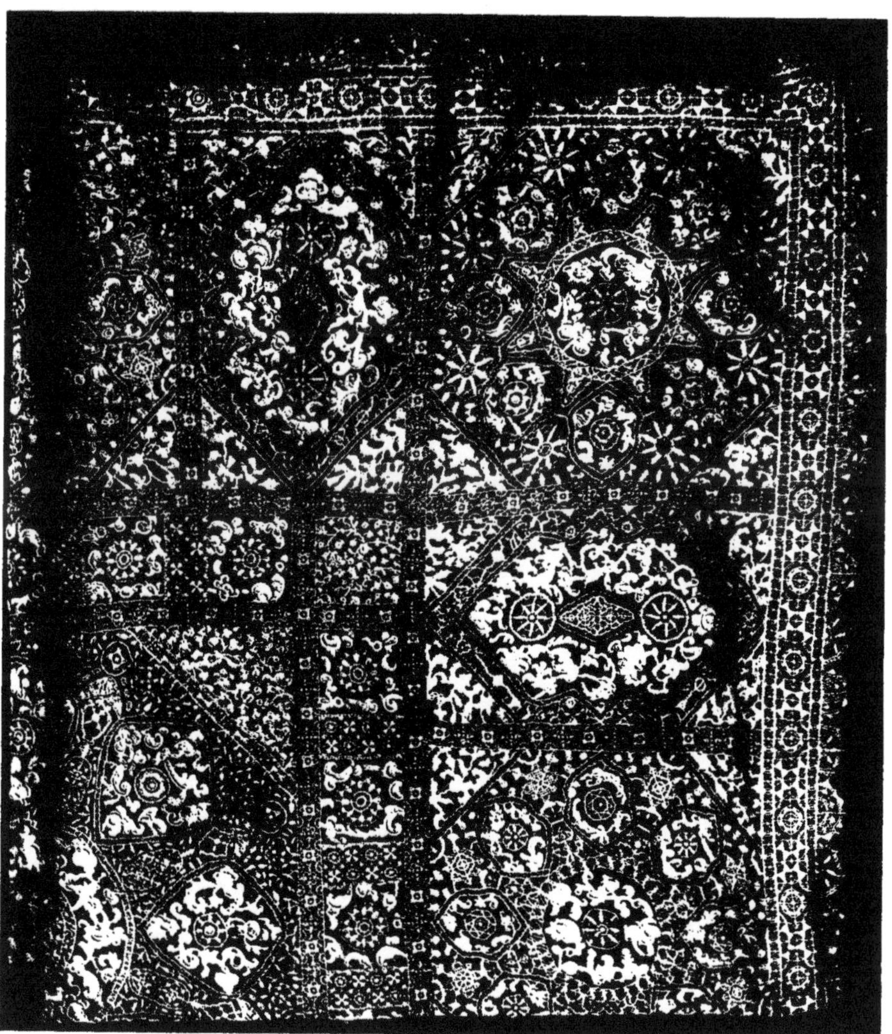

N° 134.

5500

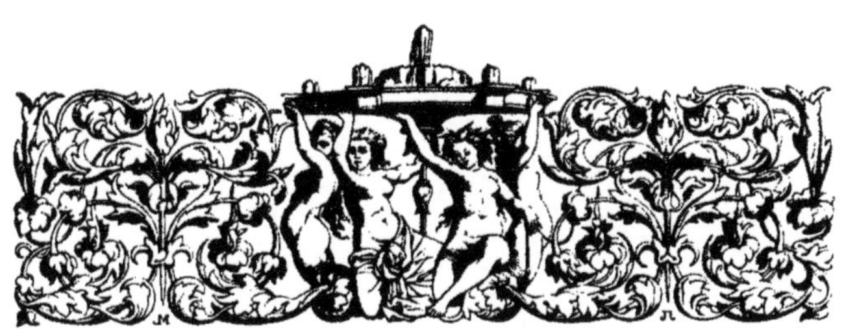

# DENTELLES ANCIENNES

133. — Volant. **Venise** à relief. XVIIe siècle.

Il se compose de deux coupes.

Haut. : 26 cent. ; long. : 1 m. 20 et 1 m. 15.

134. — Dessus de lit. **Venise** ancien plat et à relief.

Pièce remarquable.

Long. : 2 m. 20 ; larg. : 2 m. 16.

135. — Volant. **Flandres.** XVIIe siècle.

Long. : 2m.87 ; larg. : 63 cent.

136. — Fichu. **Venise.** XVIIIe siècle.

Long. : 1m.48 ; larg. : 38 cent.

# ÉTOFFES ET ROBES ANCIENNES, BRODERIES

137. — Dessus de piano Louis XV, en velours épinglé, fond vieux rose, avec bouquets Pompadour brochés et chenillés. Doublé et bordé d'un galon d'or ancien.

Long. : 2 m. 07 ; larg. : 2 m. 03.

138. — Dessus de piano Louis XVI, fond vert et Pompadour. Doublé et bordé d'un galon d'or ancien.

Long. : 2 m. 30 ; larg. : 92 cent.

139. — Dessus de piano en velours, épinglé fond bleu Régence brodé en couleur et argent.

Long. : 1 m. 07 ; larg. : 1 m. 07.

140. — Dessus de piano Louis XVI, pékiné jaune et crème avec semis de fleurs brochées. Doublé et bordé d'un galon d'or ancien.

Long. : 2 m. 77 ; larg. : 1 m. 21.

141. — Robe Louis XV, à grands plis Watteau, fond bleu avec fleurs

brochées en couleur et garniture brodée. Elle est accompagnée de son tablier.

142. — Robe Louis XV, fond saumon et fleurs brochées en couleur, garniture brodée. Jupe entière et corselet cuirasse (ce dernier seulement est reconstitué).

143. — Robe Louis XV, fond jaune de Chine avec fleurs brochées en couleur (reconstituée).

144. — Robe Louis XV, fond blanc avec fleurs brochées en couleur (reconstituée).

145. — Robe Louis XV, fond chaudron avec fleurs brochées en couleur. Avec sa jupe (reconstituée).

146. — Coupon d'étoffe Louis XV, à fond vert avec fleurs en broché crème.

Long. : 1 m. 70 ; larg. : 1 m. 47.

147. — Coupon d'étoffe Louis XV, fond bleu et Pompadour.

Long. : 2 m. 47 : larg. : 1 m.

148. — Broderie de soie de couleur et or Régence sur taffetas bleu, d'une très grande richesse.

Long. : 1 m. 76 : larg. : 90 cent.

149. Deux bandes étroites de broderies, l'une de soie de couleur, or et argent, à dessin courant, l'autre à rinceaux, xvii^e siècle.

Mesures : 1 m. 80 × 0 m. 06 — 3 m. 15 × 0 m. 05.

150. — Bandeau en broderie au passé en soie de couleur, or et argent sur fond de soie crème, l'ornementation se compose de rinceaux et bouquets fleuris reliés par des couronnes, xvi^e siècle. Il est réappliqué sur velours ancien vieux bleu.

Long. : 3 m. 30 ; haut. : 26 cent.

CHARTRES. — IMPRIMERIE DURAND, RUE FULBERT.

www.ingramcontent.com/pod-product-compliance
Ingram Content Group UK Ltd.
Pitfield, Milton Keynes, MK11 3LW, UK
UKHW020355180726
13839UKWH00003B/1117

9 782329 507491